나는 달러로
경제를 읽는다

나는 달러로 경제를 읽는다

금융시장을
꿰뚫어 보는
달러와 환율의
모든 것

백석현 지음

위너스북
WINNER'S BOOK

달러, 그리고 환율과
친숙해지고 싶은 분들을 위하여

"낚시의 첫번째 규칙은 물고기가 있는 곳에서 낚시하는 것이다(Fish where the fish are)."

100년을 살다가 지난겨울 초입, 우리 곁을 떠난 찰리 멍거가 2020년에 남긴 말이다. 물고기가 도무지 안 잡히면 다른 곳을 찾으라는 조언을 덧붙였다.

그렇다. 돈을 낚으려면 돈이 흐르는 곳에 있어야 한다. 직장 생활로 기대할 수 있는 것이 뻔하니, 자본시장에서 기회를 엿보는 투자자들이 많은 이유다. 그곳에 달러화가 있다. 전 세계 자본의 큰 물결, 돈이 흐르는 길목에는 달러화가 있다. 달러화 가는 길이 전 세계 돈이 흘러가는 길이다. 달러화 움직임은 전 세계 경제 현상과 밀접하게 연결되어 있기도 하다. 이것이 이 책의 주된 줄기다.

하지만 세상에 쉬운 일 하나 없다. 매일 가는 출근길, 앉아 가기 쉽지 않고 출근해서는 눈치 보기 바쁘다. 내가 이 일을 왜 하고 있는지 모르겠고, 매일 하던 일이라고 해서 쉽지도 않으며, 내가 맡을 일이 아닌 것 같은 엉뚱한 일까지 날아 온다.

답답한 일상을 타파하고자 대망을 품고 투자를 시작하려고 보니, 왠지 분위기가 냉랭하다. 주식 투자하는 지인에게 물어보면 별 재미를 못 보는 듯하다. 유튜브로 보고 들어서 금융시장 분위기는 알겠는데, 막상 손이 나가지 않는다. 이 사람은 이렇게 얘기하는데, 저 사람은 또 다른 얘기를 하는 것 같다. 일단 내가 투자를 잘 할 수 있을지 모르겠고, 벌어봤자 얼마나 될까 싶기도 하다. 주식시장도 잘 모르겠는데, 금리나 환율까지 얘기하니 더 모르겠다. 그냥 회사나 열심히 다닐까 싶다. 그러다가도 수 틀리면 다시 투자에 눈을 돌려 본다.

막상 시작했지만, 수익은 시원치 않다. 혹할 때마다 샀더니 보유한 종목도 제법 많아졌다. 전체 수익은 손해를 보고 있어도 투자한 종목 중 한두개가 이익을 내고 있으니 그나마 희망을 건다. 하지만 요즘 뜨는 주식에 진작 투자하지 못한 것이 후회된다. 지금이라도 들어갈까 망설여진다.

투자의 세계도 쉽지 않다. 주식, 채권, 달러화 뭐 하나 쉬운 게 없다. 하지만, 자본주의 사회에서 돈의 흐름을 경시하고도 불편함 없이 잘 살아갈 이는 많지 않을 것이다. 주식시장, 채권시장, 외환시장 모두 돈이 흐르는 곳이다.

주식시장과 채권시장을 제쳐 두고 처음부터 외환시장을 분석하는 사람은 드물 것이다. 하지만, 투자를 하다 보면 외환시장과 달러화 움직임을 무시할 수 없다는 사실을 실감하게 된다. 투자를 하지 않는 사람도 해외여행 경비, 자녀 유학 송금 등의 이유로 환율에 민감해질 수 있다. 무역거래가 많은 기업에서 자금을 담당하는 회사원은 보다 전문적으로 달러화와 환율 움직임을 주시해야 할 것이다.

필자는 은행의 외환거래가 집중되는 부서에 오랜 기간 근무하면서, 환율과 관련한 고객들의 다양한 고민을 직·간접적으로 접하고 있다. 기업 외환·자금 담당자의 고민, 자산가를 포함한 개인 고객의 고민, 기자들의 질문을 수없이 접하고 답하는 동안에 그분들이 환율에 대해서 개념을 잡고 정보를 얻는 것이 쉽지 않음을 절감했다. 달러화 움직임, 환율 움직임은 주가나 금리보다 더 어렵다는 얘기도 듣는다.

송충이는 솔잎을 먹어야 하듯, 달러와 환율에 일희일비하는 분들을 일상적으로 접하며 그들과 함께 고민한 세월이 길다 보니 관련된 주제의 책을 새로이 또 출간하게 되었다. 그간 축적한 지식으로 엮어 낸 이 책이 사회에 작은 밀알이 될 수 있기를 소망한다.

책의 내용 전달에 용이하도록 독자층을 구분해 차례를 구성했다. 앞부분에는 금융 초보자나 학생, 투자자를 위한 내용을 우선 담고, 뒷부분에는 기업인들이나 기자들에게서 접했던 질문들에 착안한 조금 더 심화한 내용까지 담았다. 하지만 달러나 환율의 영역에서 초보자나 투자자, 기업인이 알아야 할 내용에 명확한 구분이 있는 것이 아니기에, 여력이 되고 또 뒷부분에도 궁금한 주제가 있다면 끝까지 일독하기를 권하고 싶다.

PART1은 금융 초보자와 학생 독자가 읽기 쉽도록 구성했다. 흥미로운 미국 역사와 가급적 쉬운 사례를 들어 달러와 환율에 대해 감을 잡아갈 수 있도록 설명했다. 환율이 오르내리는 원리, 주가나 금리와의 관계도 담았고 어떤 것이 좋은 자산인지도 풀어냈다. 그럼에도 어렵게 느껴지는 부분들이 있다면, 그 부분들은 나중에 다시 읽어보겠다는 생각으로 가볍게 넘기기 바란다.

PART2는 투자자들을 독자층으로 상정했지만, 기업의 외환·자금 담당자들도 궁금해하는 내용들이다. 경제 및 금융시장 변수를 망라하며 가급적 광범위한 내용을 담았는데, 금융시장에 작동하는 심리적인 요인들을 곁들여 설명했다. 다만, 달러화 움직임이나 환율이 이해하기 쉽지 않은 주제이기에, 투자자와 기업 담당자라고 해도 PART1부터 읽을 것을 추천한다.

PART3은 앞 부분보다 조금 어렵게 느껴질 수 있는 내용이거나 지엽적인 주제들이다. 소제목을 확인하고 관심 있는 주제만 찾아 읽는 것도 괜찮은 방법이 되리라고 생각한다.

이제 이 책을 펼친 여러분을 달러 지식의 세계로 안내하려 한다. 달러화와 환율의 움직임을 보는 눈을 밝혀 보자.

차례

Part 1

초보자와 학생을 위한 달러화 특강

Part 2

투자자를 위한 달러화 특강

3장 미래를 대비하는 관점

Part 3

기업인과 기자를 위한 달러화 특강

3장 선택의 문제, 달러화가 최선인가

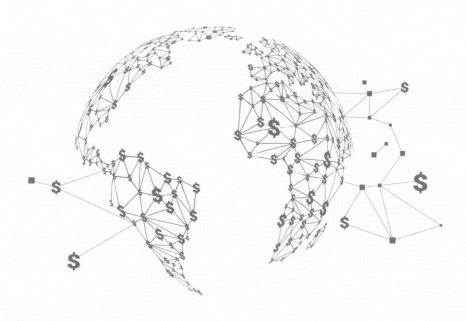

Part 1

초보자와 학생을 위한
달려화 특강

1장

환율은 어렵지만
달러화는 갖고 싶어

100년의 지배

100년 전, 1920년대 미국에서 오늘을 본다. 전쟁 후유증에 허덕이던 유럽과 달리 미국은 눈이 부시도록 찬란했다. 비행기로 뉴욕에서 파리까지 최초의 대서양 횡단에 성공한 찰스 린드버그(Charles Lindbergh, 1902~1974)라는 대스타가 탄생해, 가는 곳마다 가두행진이 벌어지고 인파에 둘러싸였다. 야구선수 베이브 루스(Babe Ruth, 1895~1948)는 연일 홈런을 쏘아댔다.

1927년 무렵, 세계 최대 도시(인구수 기준)의 타이틀을 런던에서 빼앗은 뉴욕에는 마천루가 속속 들어섰으며, 주식시장에는 투기 광풍

이 일었다. 당시 미국은 세계 물자 총생산량의 42%를 담당했다. 특히, 세계 영화의 80%를 제작했고 화면과 함께 소리가 나오는 유성 영화를 처음 선보여 센세이션을 일으켰다. 영화를 통해 미국 문화가 전 세계로 스며들었고, 그렇게 미국 문화는 동경의 대상이 됐다. 그리고 세계 자동차의 85%를 생산했다.[1]

그렇다. 눈부신 번영의 시대를 누린 미국 경제 성장의 일등 공신은 자동차였다고 해도 과언이 아니다. 1907년에 나온 포드(Ford)사의 모델 'T'가 1920년대 미국의 분위기를 바꿔 놓았다. 부유층의 전유물이었던 자동차가 1913년 포드의 컨베이어 시스템 도입에 힘입은 대량 생산 시스템을 통해 획기적으로 가격을 낮추고 본격 대중화되면서 여성들의 패션이 변했다. 긴 머리가 바람에 휘날려 운전을 방해하지 않도록 짧은 머리 스타일이 유행했고, 자동차가 선사한 여행의 자유와 운전의 편리성을 위해 더 실용적인 옷차림을 선호하게 되었다. 여성들이 활발하게 사회에 진출하며 참정권 운동을 통해 미국 대통령 선거에 처음 참여하게 된 것도 1920년이다. 자동차의 차체에도 일대 변혁이 생겼다. 뚜껑 없는 자동차, 유리창 없는 자동차에서 지붕과 유리 창문이 달린 폐쇄형 자동차로 변해갔다. 현대적 자동차 프레임이 이때 생겨난 것이다.

—

1   빌 브라이슨, 『여름, 1927, 미국: 꿈과 황금시대』, 까치, 2014.7.

농업 분야에서는 트랙터와 같은 중장비 기계 보급이 확산되었다. 인력을 대체하는 기계의 확산과 이에 따른 급속한 생산성 향상은 오늘날 인공지능(AI)과 함께 이 시대의 혁신을 선도하는 산업용 로봇 개발, 그리고 자동화 흐름과 판박이다.

대중 매체로 라디오와 영화가 융성하게 발달했던 것은 지금의 개인 방송 시대를 열어젖힌 유튜브의 등장을 연상시킨다.

미국의 번영은 끝나지 않았다. 미국의 독보적 우위가 퇴색하고 있지만, 100년이 지난 지금도 AI 등 기술 혁신을 선도하는 기업들은 미국 기업들이다. 미국 경제 규모를 따라잡을 것이 당연시되던 중국의 경제 성장은 정체되어, 급기야 2023년 명목 성장률 기준으로는 중국이 미국에 뒤지거나 근사치에 그칠 것으로 보인다. 실질 성장률은 중국이 여전히 높아 미국의 2배 수준으로 예상되지만, 인플레이션 격차가 그 차이를 상쇄한 것이다.

우리 시대 자동차 산업의 아이콘을 꿰찬 테슬라는 2007년 이사회 의장이던 일론 머스크(Elon Musk)가 창립자를 내쫓고 스스로 CEO 자리에 올랐고, 2012년에는 모델 'S'를 출시하며 본격적인 전기차 시대를 열었다. 모델 S는 여전히 업그레이드되고 있으며 자동차 업계에 전기차 개발 붐을 일으켰다. 100여년 전 내연기관차에 밀려나 역사의 뒤안길로 사라졌던 전기차는 자동차 산업의 새로운 성장 동력으로 거짓말처럼 되살아났다. 머스크가 고향인 남아프리카

공화국을 떠나 미국에 오지 않았다면 어땠을까 궁금해진다.

또 하나 인상적인 사실은 20세기 최대 전염병이었던 스페인 독감이다. 100년이 지나 전 세계를 휩쓴 코로나바이러스감염증(COVID-19)이 소환한 데자뷰(기시감의 프랑스어 표현)다. 스페인 독감도 폐를 손상시키는 병이었다. 바이러스의 시작에 대해서는 여러 설이 있지만 정작 스페인에서 시작된 독감은 아니고, 미국 캔자스에서 처음 발병되었다는 설이 유력하다. 스페인으로서는 억울하게도 스페인 독감이라는 이름이 붙은 것은 당시 전쟁에서 중립을 선언한 스페인만 보도를 금지하지 않아 뉴스의 주된 생산지가 됐기 때문이다. 스페인 독감의 1차 유행은 1918년 봄이었는데, 당시 1차 세계대전(1914년 7월~1918년 11월)이 아니었으면 국지적 유행병에 그쳤을 것이라는 주장도 있다. 우리 시대 코로나 대유행의 발원지는 중국으로 알려졌지만 이를 사실상 종식시킨 것은 번영한 미국이 주도해 개발한 백신이었다.

100년 전 미국의 자신감이 지나쳤기 때문이었는지 어처구니없는 사회공학적 실험이 자행되기도 했다. 당시 미국은 헌법 개정으로 역사적인 금주법(일명 볼스테드법)을 1920년부터 시행하면서, 알코올의 제조와 판매, 수입 및 수출을 금지시켰다. 당시 높은 음주율도 문제였지만, 음주 산업과 결탁한 정치인들의 부패를 근절하기 위한 목적도 있었다. 하지만 금주법은 너무 포괄적이었던 데다, 알코올 성분 함량(0.5%)에 대한 기준이 엄격해서 처음부터 지켜지기 어려웠다. 누르고 싶다고 누를 수 없는 것이 인간의 욕망이다. 이상은 훌륭했으나 현실을 저버린 법의 도입은 결국 부작용을 낳았고 1933년 법의 생명을 다했다.

금주법이 시행된 13년간, 취하고 싶은 만인의 욕망과 금단의 영역에 도전한 대가였을까. 당시 금주법 시행 이후 살인 사건이 3분의 1가량 증가하고 조직 범죄율이 상승했다. 선량한 시민들은 범법자가 되어갔고, 금주법 단속 요원이 살해당하는 일도 비일비재했다. 단속 요원들이 무고한 민간인에까지 총격을 가하는 일이 생겼다. 더욱이 단속 요원들이 받는 박봉은 새로운 부패를 초래했다. 독주를 압수한 뒤 원래 소유자에게 되파는 일이 전형적 수법이었다고 한다[2]. 금주법 때문에 오간 뇌물로 경찰과 관료들이 많은 돈을 벌었다.

당시 금주법 실험은 허점도 많아서 의사들이 환자들에게 위스키를 합법적으로 처방해줄 수 있었다.[3] 위스키를 열심히 처방해 준 의사들은 고소득을 올렸다고 한다.

아직 알 수 없는 것들도 있다. 1929년의 대공황, 그리고 대공황이 초래한 1933년의 경기 바닥. 이 사건들도 재현될까. 마크 트웨인이

---

2   앞의 책.

3   앞의 책.

읊조린 말처럼 역사는 반복되지 않지만 운율(rhymes)은 반복된다. 그 운율은 어떤 형태로 나타날까. 위 사건들 이후 100년까지는 아직 시간이 남았다.

지난 100년간 미국이 세계의 금융을 지배한 데 일등 공신은 달러화다. 국제 금융과 통화 체제 권위자인 배리 아이켄그린(Barry Eichengreen, 1952~) 교수는 1차 세계대전 이후 달러화가 실질적인 기축통화로 등극했다고 본다. 역시 100여년 전이다. 달러화를 통해 미국은 전 세계의 돈줄을 쥐고 있으며, 우리에게 달러화는 달러·원 환율(원·달러 환율)로 그 가치를 드러낸다.

달러화는 소유 가치가 있을까. 매의 눈으로 달러화와 경제를 보면 세상을 보는 시각을 넓힐 수 있을까. 달러화에 이익이 얽힌 이해 관계자들은 어떻게 대응해야 할까. 그 밖의 여러 이슈들을 포함해, 이제 달러와 환율의 세계에 발을 담가보자.

환율은 어렵지만 달러는 갖고 싶어

'환율? 흠, 어렵겠는데.'
'미국 달러화? 잘은 모르지만 있으면 좋겠지.'
이것이 환율과 미국 달러화에 대해 평범한 사람들이 흔히 갖고

* 다만, 2달러 지폐를 행운이 아니라 불운의 상징으로 보는 해석도 있다. 서양
에는 악마(devil)의 의미를 담은 단어가 많은데 2점짜리 카드를 의미하는 듀스
(deuce)도 그 중 하나다. 그래서 불운을 없애려 지폐의 한쪽 모서리를 찢는 사례
도 많았다고 한다.

있는 생각이다. 환율은 설명하거나 이해하기에 막연하지만, 미국 달
러화를 떠올리면 일단 가지고 싶은 마음이 앞선다. 특히, 미국 2달
러 지폐는 행운의 상징*으로 여겨져 소중한 사람에게 가벼운 선물
용으로 인기 있다. 달러 북(dollar book)이라는 것도 존재한다. 작은
수첩 형태로 달러 지폐 여러 장을 떼어내기 쉽게 책처럼 만든 것인
데, 내용물이 실제 현찰이라서 팁 문화가 발달한 미국 여행 가서 사
용하기 좋다. 행운의 2달러 지폐나 달러 북은 물론이고, 미 달러화
는 왠지 특별하다는 느낌도 든다.

왜 그럴까. 미 달러는 기본적으로 돈이다. 돈 중에서도 세계적으

로 가장 인기 많고 믿음직한, 현존하는 최강국인 미국이 발행하고 보증하는 돈이다. 세계 많은 이들에게 선망의 도시인 뉴욕이나 하와이에 갈 때 필요하고 미국으로 유학을 가려 해도, 미국 주식을 사려 해도 필요한 것이 달러화다.

달러와 환율, 올라야 좋을까 내려야 좋을까

주가나 금리에 비해 환율이 더 어렵게 느껴지는 이유 중 하나는 가치 판단이 어렵기 때문일 것이다. 금융을 잘 모르는 사람 입장에서도 주가는 상승하면 좋을 것 같고, 금리는 내리면 좋을 것 같은 느낌이 든다. 하지만, 달러와 환율은 오르는 게 좋은 것인지, 내리는 게 좋은 것인지 느낌이 좀처럼 오지 않는다.

언론 보도에서 환율을 언급할 때도 달러화가 상승할 때나 하락할 때, 엔화가 상승할 때나 하락할 때 보도하는 내용이 매번 다르다. 달러화가 상승하면 수출 기업에게는 이득이라는 맥락으로 이해되기도 하고, 상황이 부정적으로 언급되는 경우도 많아 일관된 느낌을 주지 않는다. 달러화가 하락할 때는 상대적으로 관련된 언론 보도가 줄어드는 편이라, 달러화가 하락하고 있음을 인식하기도 어렵다.

가치 판단 관점에서 달러나 환율이라는 개념은 주가나 금리와 다르다. 오르면 좋다, 또는 내리면 좋다는 식의 접근보다는 **과유불급**이 적절하다. 과유불급(過猶不及)이라는 사자성어가 의미하는 것은 '모든 사물이 정도를 지나치면 미치지 못한 것과 같다(Too much is as bad as too little)'는 것이다. 즉, 달러나 환율은 갑자기 크게 변하지 않는 것이 좋다고 할 수 있다.

달러화나 환율이 오르든 내리든 갑자기 큰 폭으로 움직이면 경제 주체들이 적응하거나 대처할 시간을 갖기 어려우므로, 그렇지 않은 경우와 비교하면 곤란해질 수 있다. 수출 기업의 경우는 환율이 급락하면 아직 팔지 못한 달러화 때문에 발을 동동 구른다. 여행 가려는 사람이나 유학생 자녀에게 송금을 보내려는 부모는 환율이 급등하면 하루만 먼저 바꿀 걸 하며 한숨 지을 것이다.

반면, 주가는 급등하면 기뻐하는 사람이 많을 것이고 금리도 급락하면 좋아하는 사람이 많을 것이다. 이미 고정 금리로 대출받은 개인이나 기업은 예외일 테지만 말이다. 채권에 투자한 사람도 금리가 내리면 보유한 채권 가격이 상승해서 유리해진다. 미래에 받을 현금흐름인 원금과 이자가 고정되어 있는 상태에서, 금리가 내리면 미래 현금흐름을 현재가치로 평가할 때 적용하는 분모의 할인율이 작아지기 때문이다. 분모가 작아지니, 현재의 평가액은 상승한다.

달러와 환율이 올라야 좋을지 내려야 좋을지에 대해서는 여기까지 해 두고, 더 심층적인 설명은 투자자편(PART2)에서 다루기로 한다.

달러 · 원 환율은 한국인 관점에서 미 달러 가격

환율이라는 개념과 미국 달러화는 함께 언급할 일이 많다. 주식시장에서 주가가 수시로 변하듯, 통화가 거래되는 외환시장*에서는 각 통화의 가치가 수시로 변하므로 미국 달러화도, 한국의 원화도 가격이

---

* 일반적으로 '외환시장'이라고 하면, 주식시장과 달리 일반 개인이나 기업들은 참여할 수 없어 진입 장벽이 있다. 외환시장에는 은행 등 일정 자격이 있는 기관만 참여 가능하다. 시장을 도매 시장과 소매 시장으로 나누면, 외환시장은 도매 시장에 해당한다. 일반 개인이나 기업이 은행을 상대방으로 달러화를 사거나 파는 거래는 소매시장에서 이뤄지는 거래로 볼 수 있다. 그래서 외환시장은 그들만의 리그다. 2023년 말 현재 국내의 서울외환시장은 주식시장과 거래시간이 같아서, 9시에 개장해서 15시 30분에 폐장한다. 2024년 7월에는 외환시장 선진화를 위해 서울외환시장 거래시간이 익일 새벽 2시까지 연장된다.

한편, 은행에서 개인들이 달러화를 사는 환전 거래를 할 때, 필요한 달러화 가치에 상당하는 원화를 지불하므로 환전 거래에는 두 개의 통화가 쌍을 이룬다. 외환시장도 그 점에서는 같다. 국내 외환시장에서는 미국 달러화와 원화 간의 직거래, 중국 위안화와 원화 간의 직거래가 이루어진다. 1990년대에는 한때 일본 엔화와 원화 간의 직거래도 이뤄졌다. 중국 위안화와 원화 간의 직거래는 2014년 12월에 시작됐다.

현재는 국내에서 일본 엔화와 원화 간의 직거래가 되지 않는데, 그렇다면 어떤 식으로 거래가 이루어질까. 제 3의 통화를 매개로 두 개의 거래가 동시에 이루어진다. 예를 들어, 원화를 내고 엔화를 사는 거래를 만들어내는 과정은 이렇다. 달러화와 원화 간의 직거래로 원화를 내고 달러화를 사는 동시에(서울외환시장) 그 달러화를 그대로 다시 팔고 엔화를 사는 거래(글로벌 외환시장)가 이루어진다.

항상 변한다. 한국에서는 원화가 통용되고 가격을 매길 수 있는 모든 것이 원화 금액으로 표현되므로 달러화의 가격도 원화로 표시된다. 달러화의 가격을 원화 기준으로 매기면 그것이 달러·원 환율이 된다.

환율의 사전적 의미는 서로 다른 두 나라의 돈을 교환할 때 그 비율이다. 즉, **교환 비율**이다. 한국에서 통용되는 돈(이 책에서는 통화라는 단어와 혼용)은 원화이고 가장 흔하게 교환되는 다른 나라 돈이 미국 달러화이므로, 국내에서 가장 많이 언급되는 환율은 달러·원 환율이다.

달러·원 환율보다는 원·달러 환율이라는 말이 조금 더 익숙한 느낌을 주지만, 뭐라 부르든 상관없다. 엄마 아빠라 부르든 아빠 엄마로 부르든 차이가 없는 것이나 마찬가지다. 다만, 원·달러나 달러·원 환율이나 의미하는 바는 같은데, 바로 1달러가 몇 원의 가치를 지니느냐는 것이다. 1원이 몇 달러인지를 의미하지는 않는다. 즉, 환율은 공식적으로 외국 돈의 가치를 이야기하는 것이다. 보다 정확히는 **우리 돈으로 가치를 매긴 외국 돈의 가격**이다.

외국과 거래할 때 한국의 원화는 아직까지 국제적으로 통용되는 통화가 아니라서 거의 쓸 수 없다. 해외 유명 상표(예: Nike)의 제품을 국내 매장이 아닌 글로벌 사이트에서 직접 구입하거나, 해외 가수의 앨범을 해외 사이트에서 구매하는 경우에는 외국 돈으로 그 가치가 매겨져 있고 해당 통화로 지불하게 된다. 물론, 결제할 때는 환율을 반영한 원화 금액이 내 신용카드 결제액에 반영되거나 계좌 잔고에서 빠져나갈 것이다.

해외 관광지에서는 신용카드 결제 시 원화 결제를 선택 가능한 곳도 더러 있다(예: 싱가포르 대형 상업시설의 레스토랑 등). 하지만, 원화를 수령하는 주체가 어차피 원화를 달러화나 자국 통화로 환전해야 하고, 그 과정에서 생길 환율 변동이나 수수료를 우리 같은 소비자에게 전가하므로 더 비싼 대가를 치러야 한다. 즉, 달러화 결제를 선택하거나 한국에서 환전해서 간 달러화 현찰을 지불하는 것보다 더 비싼 비용을 지불하게 된다. 따라서, 해외 여행시 신용카드 결제 통화를 선택할 수 있다면 원화가 아닌 달러화를 선택하는 것이 훨씬 유리하다.

기축통화의 의미와 조연들

미국 달러화는 가장 대표적인 외국 돈일 뿐만 아니라 세계 최대 경제이자 현재 지구상에서 가장 강력한 국가인 미국 돈이다. 전 세계 많은 국가에 존재하는 화폐 중에 가장 신뢰를 받고, 가장 널리 쓰이는 화폐가 미 달러다. 그래서 달러는 자타공인 기축통화다. 기축(基軸)은 어떤 대상의 토대나 중심이 되는 부분을 의미한다. 기축통화는 국제적 거래의 광범위한 영역에서 가장 중심이 되는 통화다. 국제 거래에서 가장 믿을 만한 통화로 인정받으려면 실제 그 통화를 뒷받침할 통화 발행국의 능력이 있어야 하고, 국제 사회가 실제로 통화를 발행한 국가의 능력을 믿어야 한다. 그 밖에도 거래의 편리성이나 개방성, 유동성이 풍부해야 하고 안정적 시스템으로 뒷받침되어야 한다.

이러한 기축통화 지위는 국력을 통한 힘의 우위로 자연스럽게 얻게 된 측면도 있고, 역사적으로 미국이 다른 국가와의 합의를 통해 그 지위를 강화시키기도 했다. 예를 들어 원유(crude oil) 같은 원자재는 기본적으로 달러화로 그 가격이 매겨지기 때문에, 미국이 아닌 서로 다른 나라 간의 원자재 무역 거래도 자연스럽게 달러를 토대로 하게 되었다. 이러한 달러 기반 원유 거래 체제를 '페트로달러 체제(petrodollar system)'라 한다('petro'는 석유를 의미). 이 체제는 산유국들의 카르텔인 석유수출기구(OPEC)를 주도하는 중동 지역의 맹주 사우디아라비아와 미국의 이해관계가 맞아 떨어져 합의된 것으로, 달러화의 위상을 높이고 달러의 기축통화 역할을 굳히는 데에 기여했다. 이를 계기로 미국은 사우디로부터 원유를 안정적으로 구매할 수 있게 된 대신, 사우디에 군수물품 공급 등 군사적 지원을 제공했다. 또한 사우디는 미국으로부터 받은 원유 구매대금(달러화)으로 미국채를 꾸준히 매수해 미국 정부의 안정적인 자금줄이 되어 주었다.

그런데 언젠가부터 이 관계에 균열이 생겨, 미국과 사우디의 관계가 예전만 못하다. 미국의 **셰일 혁명*** 이후 미국이 원유를 자급자족할 수 있게 되면서, 중동 지역에서 슬그머니 발을 빼려 한다. 미국

＊ 21세기 최대 에너지 혁명이라 부르는 셰일(shale) 붐을 뜻한다. 오랜 기간 모래와 진흙이 쌓여 단단히 굳은 퇴적층인 셰일층에서 원유와 천연가스가 생성되는데, 21세기 초까지만 해도 채굴비용이 높아 채산성이 없었기 때문에 개발이 더디게 진행되었다. 하지만, 중국 경제의 급성장기에 원유 수요가 폭발적으로 증가하자 2001년 한때 배럴당 $20를 밑돌던 원유(WTI: 서부텍사스산 원유) 가격이 2008년 7월에는 $147까지 치솟았다. 2007년 초와 비교해도 유가가 무려 세 배로 뛴 것이었다.

이러한 시장 상황이 셰일 개발에 강력한 인센티브로 작용하여 셰일 혁명을 낳았다. 셰일 추출 방식인 수압파쇄·수평시추 공법이 기술 발전과 함께 확산되었고, 셰일 가스 생산이 먼저 증가하며 천연가스 물량 부족 현상이 해소되기 시작했다. 뒤를 이어 셰일 오일 생산도 증가했다. 셰일 혁명으로 원유 공급이 증가하면서 2014년 하반기 전 세계 유가가 크게 하락했다. 2016년 초에는 $26까지 하락하면서 셰일 업체들까지도 어려움을 겪었고, OPEC과 주도권 싸움이 벌어졌다. 이를 계기로 OPEC 회원국이 아닌 러시아까지 가세한 OPEC+가 결성되어 오늘에 이르고 있다.

미국에서 시작된 셰일 혁명은 전 세계 에너지 판도를 뒤흔들었다. 미국은 셰일 혁명을 업고 2015년 당시 40년 동안 유지했던 원유 수출 금지를 해제했다. 한때 원유의 최대 수입국이었던 미국이 2018년에는 세계 최대 산유국, 2019년에는 원유 순수출국이 됐고 그 덕에 중동 산유국들에게 휘둘릴 일이 사라졌다.

다만, 셰일의 미래가 장밋빛인 것만은 아니다. 2014년 말을 정점으로 셰일 업계의 시추 활동이 감소했고 환경운동가들의 반대 운동에도 직면해 있어 미국의 석유 생산량이 머지않아 정점에 도달할 것이라는 주장이 나오기도 한다.

에게 중동은 이제 자원의 핵심 공급처로서 적극적으로 개입해야 할 지역이 아니라, 유가의 안정을 위해 관리되어야 하는 곳 정도로 전략적 가치가 하락한 것이다.

화약고로 불렸던 중동 지역에 생긴 힘의 공백을 파고드는 것이 중국이다. 중국은 과거 찬란했던 중국 문명에 대한 자부심을 토대로 미국을 넘어서려 한다. 중국몽(中國夢)을 부르짖으며 '위대한 중화민족의 부흥'을 지향한다. 2012년 시진핑 주석이 최고 지도자에 오르며 미국에 노골적으로 도전하기 시작했고, 중국은 미국과 유럽 진영의 사이를 벌리기 위해 오랫동안 공을 들이고 있다. 새롭게 떠오른 2등 세력인 중국이 부동의 1등으로 군림해온 미국에 도전하는 구도에서, 3등 세력인 유럽을 포섭함으로써 적어도 1등과 3등이 한 패가 되지 않도록 하려는 영리한 전략이다.

그래서 미국 트럼프 정부(2017~2021)가 동맹의 가치를 무시하고 모든 사안을 사업가적 마인드, 당장의 손익 관점으로 재평가하면서 미국과 유럽의 동맹 기구인 북대서양조약기구(이하 NATO) 탈퇴를 주장하며 동맹을 위협한 것은 중국의 안보에 이익이었다. 한국과 미국간 동맹의 틈을 벌리는 데 있어서도 주한 미군 철수를 주장하는 트럼프 정부가 중국에 유리했다.

사우디는 이런 미-중 간 경쟁을 이용해 줄타기를 하며 실리를 최대한 챙기고 있다. 과거에는 미국이 사우디 등 중동에서 원유를 사고, 그 오일 머니가 **미국채***에 투자되며 상부상조했다면, 이제는 중국이 사우디 원유를 사들이고 사우디가 중국에 투자하고 있다. 다음의 그래프도 사우디 원유를 사는 큰 손이 바뀌고 있음을 여실히 드러낸다.

* 국가의 국채 발행은 개인이 신용카드를 사용하는 것과 경제적 실질이 같다. 미래에 갚기로 하고 자금을 미리 당겨오는 것이기 때문이다. 차이가 있다면 국채를 발행하면 외국 정부를 비롯한 다수가 투자하는 반면, 개인의 신용카드 사용건에는 매입 카드사가 정해져 있다는 점일 것이다.

한편, 미-중 관계가 신냉전을 만들어낸 가운데, 이들 사이에서 러브콜을 받는 나라들이 있다. 미국과 소원해진 사우디가 중국에서 러브콜을 받듯, 중국을 이웃으로 둔 인도와 베트남은 미국에서 러브콜을 받는다. 2022년 12월에는 중국 시진핑 주석이 직접 사우디를 방문해, 사우디와의 관계를 **포괄적 전략 동반자 관계***로 끌어올렸다. 2023년 9월에는 미국 바이든 대통령이 직접 베트남을 방문해 양국 관계를 포괄적 전략 동반자 관계로 끌어올렸는데, 이는 기존의 전략적 동반자 관계를 두 단계나 격상한 것이다.

* 동맹을 뜻하는 것은 아니며, 최고 수준의 우호 관계를 뜻한다. 동반자 관계는 나라별로 다양한 단계별 호칭을 쓴다.

중국과 관계가 불편한 인도는 그 지정학적 중요성이 워낙 커져, 미국이 핵심 파트너로 만들기 위해 공을 들이고 있다. 미국이 주도하는 4개국(미국, 인도, 호주, 일본) 안보 협의체인 Quad(Quadrilateral Security Dialogue)의 일원이기도 하다. Quad는 중국을 견제하는 성격이 짙다.

미 달러의 기축통화 지위는 미국이 국제금융시장을 지배하는 원

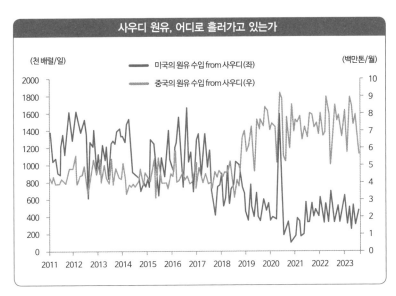

사우디 원유, 어디로 흘러가고 있는가

(천 배럴/일)
— 미국의 원유 수입 from 사우디(좌)
— 중국의 원유 수입 from 사우디(우)
(백만톤/월)

자료: Bloomberg

동력이다. 한마디로 국제 사회의 돈줄을 미국이 쥐고 있는 셈이다. 그래서 국제 질서를 깨거나 국제적 합의를 위반하는 나라를 향해 미국이 경제 제재나 금융 제재를 가할 때, 쉽게 말해 혼내주려 할 때 달러화에 대한 접근을 차단하면 그 제재의 대상이 된 상대 국가가 궁지에 몰린다. 그런데, 이렇게 달러화를 사실상 무기로 휘두르면 제재 대상국가가 그 우회로를 찾아내야 하므로 결과적으로 달러화의 기축통화 지위를 미국 스스로 훼손할 위험까지 따라온다. 모든 나라가 미국 편은 아니기 때문에, 아무리 미국이라도 우회로까지 완전히 차단하는 것은 어렵다. 중국은 이때 생기는 빈틈도 노리고 있다.

달러의 기축통화 지위를 향한 중국의 도전이 얼마나 위협적인지, 더 구체적인 설명은 투자자편(PART2)에서 다루기로 한다.

달러 가격과 환율이 결정되는 기본 원리

시장에서 거래되는 대상의 가격은 기본적으로 시장의 수요와 공급에 따라 결정된다. 사겠다는 사람이 많아지거나 팔겠다는 사람이 줄어들면 그 대상의 가격이 오르고, 사겠다는 사람이 줄거나 팔겠다는 사람이 많아지면 가격은 떨어진다.

먼저 공급 측면에서 보자. 유명한 브랜드 제품이 한정판 제품을 내놓으면 그 희소성 때문에 일반 제품보다 가격이 높게 책정된다. 공급이 제한적이기 때문에 가격이 높은 것이다. 달러화도 마찬가지다. 달러화를 쥐고 있는 경제 주체들이 어떠한 이유로 시장에 달러화를 내놓지 않으면 달러화가 부족해져서, 즉 유통되는 달러화 공급이 줄어서 달러화 가격과 환율이 상승한다. 예를 들어, 2008년 글로벌 금융위기 같은 대형 위기가 터지면 불안감에 안전자산인 달러화 몸값이 치솟기 쉽다.

반대로 너도 나도 달러화를 팔겠다고 나서면 달러화 가격과 환율은 하락한다. 예를 들어, 중국 등 신흥국을 중심으로 전 세계 경제의 성장세가 두드러져 수익성 높은 투자처가 많았던 2000년대 중반의 상황이 이러했다. 가지고 있던 달러화를 파는 동시에 투자하려는 국가의 통화를 사는 움직임이 전 세계적으로 봇물을 이루면서 달러화 가격이 하락했다.

수요 측면에서도 보자. 시중에 풀린 달러화는 정해져 있는데 사겠다는 경제 주체들이 많아져 외환시장에서 달러화 매수 주문이 증가하면 달러화 몸값이 오른다. 결국 달러·원 환율은 상승한다. 위에서 예로 든 2008년 글로벌 금융위기 때는 달러화를 팔겠다는 매도 주문은 줄었지만, 달러화를 사겠다는 매수 주문은 늘었다. 글로벌 자본이 원화처럼 금융시장에서 **신흥국 통화***로 취급되는 통화들에 대한 노출(exposure)은 줄이고 대신 달러화를 사려는 수요가 늘었기 때문이다. 반대로 달러화에 대한 수요가 줄어들면 달러 몸값이 내리면서 달러·원 환율은 하락한다.

* 한국은 선진국 반열에 올랐지만, 원화는 아직 신흥국 통화로 분류되는 경우가 많다.

앞으로 설명할 경제 변수들(물가, 생산성, 무역, 경제정책 등)과 시장 변수들(금리, 주가 등)의 움직임도 결국 외환시장에서 달러화의 수요와 공급에 영향을 주면서 달러화 가격의 변화, 달러·원 환율의 변화를 만들어낸다.

인플레이션이 높아지면 환율은

인플레이션(inflation)은 좋은 것일까? 인플레이션의 사전적 의미는 통화량이 팽창하여 화폐 가치가 떨어지고 물가가 계속적으로 올라 일반 대중의 실질적 소득이 감소하는 현상이다. 한마디로 물가가 오르는 상황을 인플레이션이라고 표현한다. 물건 가격이 수시로 올라도 개인사업자가 아닌 사람들의 월급은 수시로 오르지 않고 경직되어 있기 때문에, 인플레이션 상황에서는 실질 소득이 감소한다.

만약 한국의 통화량이 팽창해서 물가 상승률이 미국보다 훨씬 높다면, 다시 말해 외환시장에 달러화 공급량은 그대로인데 원화 공급량이 넘쳐난다면 상대적으로 원화 가치는 하락하고 달러화 가치는 상승한다. 반대로 미국의 통화량이 팽창해서 미국의 물가 상승률이 한국보다 훨씬 높다면 달러화 가치는 이론적으로 하락한다. 여기서, 2022년 미국이 40년 만의 높은 인플레이션을 겪었음에도 달러 가치와 환율은 왜 치솟았는지 의문이 생길 수 있는데 이에 관해서는 이번 소제목의 마지막 부분에서 자세히 설명하겠다.

인플레이션과 반대되는 개념은 **디플레이션**(deflation)으로, 오히려 물가가 하락하는 현상이다. 부동산 가격이 큰 폭으로 상당 기간 하락하는 경우에 디플레이션을 겪기 쉽다. 부동산 산업 자체가 전후방 산업 연관 효과가 워낙 큰 산업이기 때문이다. 예를 들어 **후방산업***의

철근, 건설 장비와 같은 수요를
좌우하고, **전방산업****에는 집
안에 들여 놓을 가구와 가전 제
품에 대한 수요까지 영향을 미

* 제품 소재나 원재료 공급에 가까운 쪽.

** 최종 소비자와 가까운 업종.
전방과 후방이 헷갈리기 쉬우니 그저 관
련 산업이 많다는 정도만 기억하자.

친다. 이처럼 광범위한 파급효과가 있는 산업이 부동산 산업이다.

　디플레이션을 겪게 된 국가에서는 재화나 서비스의 가격이 하락
하니, 기업의 이익을 갉아먹고 가격 하락을 기대한 소비자들이 소비

일물일가의 법칙으로 설명되는 인플레이션과 환율의 관계

일물일가의 법칙(Law of One Price)은 완전 경쟁이 이루어질 때 동일한 시기, 동일한 시장에서는 품질이 동일한 상품의 가격이 2개 이상 형성될 수 없다는 법칙이다. 즉, 동일한 상품은 어느 시장에서든지 가격이 같아지게 된다는 것인데, 운반 비용 등 현실에서의 제약을 무시하면 버거킹이나 맥도날드 햄버거는 전 세계적으로 표준화되고 균질한 상품을 판매하므로 일물일가의 법칙을 대입해 볼 수 있다. 만약 가격이 다르다면, 저렴한 곳에서 매입(이 경우, 해당 시장에서 수요 증가를 초래)한 뒤 비싼 곳(이 경우, 해당 시장에서는 공급 증가를 초래)에 판매하며 차익을 노리는 거래가 많아져서 가격이 금세 같아질 것이기 때문이다.

예를 들어 지금 미국에서 버거킹 햄버거 가격이 $5, 한국에서 ₩5,000이라 하자. 그런데 미국은 인플레이션이 전혀 없는 반면, 한국은 인플레이션이 20%로 높아서 1년이 지나도 미국은 그대로 $5인데, 한국은 ₩6,000으로 햄버거 가격이 올랐다. 그럼 1년 후에는 동일한 상품이 미국에서 $5, 한국에서 ₩6,000이 되어 달러화와 원화 간의 교환비율이 1,200원이 된다. 즉, 환율이 1,200원이다.

결국 다른 조건이 동일할 때, 인플레이션이 높은 나라의 통화는 약세를 보이고(통화가치 하락) 인플레이션이 낮은 나라의 통화는 강세를 보인다(통화가치 상승).

037
PART 1 • 초보자와 학생을 위한 달러화 특강

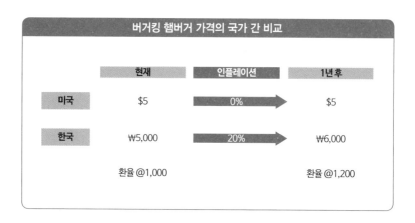

버거킹 햄버거 가격의 국가 간 비교

	현재	인플레이션	1년 후
미국	$5	0%	$5
한국	₩5,000	20%	₩6,000
	환율 @1,000		환율 @1,200

를 지연하고 기업들은 투자를 미루면서 전반적으로 경제 활력이 더 떨어지는 악순환에 빠지곤 한다. 그래서 디플레이션은 경제 발전에 나쁘다고들 한다.

다시 인플레이션 이야기로 돌아오면, 인플레이션이 지나치지 않은 수준에서 지속되면 경제에 이롭다. 현대의 선진국 중앙은행을 포함해 우리나라도 연간 2%의 물가 상승을 목표로 하고 있으니 선진국 인플레이션의 적정선은 2% 안팎이라고 볼 수 있다. 만약 연간 물가 상승률이 5%를 넘으면 긴장하게 되고 10%를 넘게 되면 아우성이 커진다. 실제 2022~2023년에 미국과 유럽 등 선진국에서 특정 월의 인플레이션이 1년 전 대비 약 10%까지 상승하면서 금융시장에도 상당한 부담을 안긴 바 있다.

인플레이션과 환율 관계를 보여주는 역사적 사례

인플레이션과 관련해 흔히 인용되는 역사적 사례는 독일이 1차 세계대전에서 패한 이후 시기다. 당시 독일은 도저히 감당할 수 없을 정도로 막대한 전쟁배상금을 얻어맞았다. 특히 프랑스로서는 그 반세기 전에 있었던 전쟁(보불 전쟁)에서 독일 프로이센에 패하면서 자국에 부과됐던 배상금을 고스란히 되갚아줄 절호의 기회였다. 사실상 독일을 망하게 해서 다시는 덤비지 못하게 만들겠다는 심보였을 것이다. 이에 대응한 독일의 선택은 통화량을 대폭 늘리는 것이었고 그 결과로 독일은 1923년에 극심한 인플레이션을 겪었다. 극단적으로 물가가 상승하는 초인플레이션 상황에서는 가령 1,000원 하던 라면 값이 1년 만에 1억원이 되는 식이다. 그런 일이 있을까 싶지만, 당시 독일의 인플레이션은 이보다 훨씬 더 심했다. 만약 연금으로 생활비를 충당하는 노년 시기에 이런 일을 겪게 된다면 망연자실할 일이다.

이런 상황이 벌어지면 1,000원짜리 지폐는 사실상 쓸모가 없어진다. 그래서 초인플레이션 당시 독일의 풍경을 기록한 사진 중에는 지폐로 벽을 도배 중인 모습도 있다. 한마디로 초인플레이션 상황에는 돈이 돈이 아니다. 명목 금액이 고정된 채권(bond)도 쓸모없는 종이짝이 되어 채권자는 크게 피해를 본다. 반면 고정된 금액의 채무가 있는 채무자에게는 이익이다. 한편, 초인플레이션을 겪는 국가의 국민이 자국 통화로 인플레이션이 낮은 국가의 화폐를 살 때 적용되는 환율은 천정부지로 치솟을 것이다.

초인플레이션은 구시대의 유물이 아니다. 가까운 사례로는 아프리카의 짐바브웨가 겪었고, 남미의 베네수엘라도 겪었다. 짐바브웨 물가는 2008년 1월부터 7월까지 3억 배 상승했는데, 이는 공식 발표일 뿐 실제로는 $6.5 \times 10^{108}\%$에 달했다는 추정치도 있다. 베네수엘라는 2013년부터 물가가 가파르게 상승해 2018년에는 IMF 통계상 인플레이션이 65374%에 달했다. 초인플레이션까지는 아니더라도, 아르헨티나와 튀르키예의 인플레이션도 우리가 상상하기 힘든 수준을 넘나든다. 만약 초인플레이션을 겪는 나라의 국민이 외국이 발행한 채권을 보유하고 있으면 큰 도움이 될 것이다. 예를 들면 아르헨티나 사람이 미국채 상당 금액을 보유하고 있다면 말이다.

요약하면 인플레이션이 상대적으로 높으면 그 나라의 통화가치가 상대적으로 떨어지면서 다른 나라 통화를 살 때 더 많은 자국 통화를 지불해야 한다. 즉, 환율이 오르는 상황이므로 만약 한국의 인플레이션이 미국보다 훨씬 높다면 달러화를 살 때 필요한 원화 금액이 점점 더 늘어날 것이다.

다만, 초인플레이션과 같은 극단적 상황이 아니라면 국가 간 인플레이션 격차는 단기가 아니라 장기간에 걸쳐 환율에 영향을 미친다. 그래서 금융시장을 자주 확인하는 투자자라면 보통은 인플레이션의 영향을 체감하기 쉽지 않다. 하지만, 2022~2023년에는 21세기

들어 안정적이었던 물가가 갑자기 급등하면서 단기에도 시장의 심리를 뒤흔들었고, 이에 따라 매월 발표되는 인플레이션 지표가 환율에도 영향을 미쳤다. 특히 전 세계 돈줄을 쥐고 있는 미국의 인플레이션이 초미의 관심사가 되었는데, 인플레이션을 억제하려 공격적인 통화정책, 금리 인상 전망이 커졌기에 금리 인상 기대감이 인플레이션 효과를 누르고 달러 강세를 초래했다.

여기서 의문을 가질 수 있다. 인플레이션이 높으면 그 나라의 통화가치가 떨어진다면서, 2022~2023년에는 미국의 인플레이션이 높아졌음에도 불구하고 왜 달러화 가치가 상승했을까. 그 이유는 바로 금리가 올랐기 때문이다. 인플레이션을 억제하기 위해 미국 중앙은행에 해당하는 연준(PART2의 2장 중 '미국 통화정책과 달러화'에서 자세히 설명하겠다)이 금리를 공격적으로 끌어 올리면서 2023년이 되지 미국의 기준금리 수준이 인플레이션보다 더 높아졌다.

그래도 의문은 남는다. 2022년에는 기준금리가 인플레이션보다 더 낮았음에도 왜 달러화 가치가 상승했을까. 미국의 기준금리가 더욱 높아질 것이라는 기대가 워낙 강했기 때문이다. 미래에 실현될 것이라는 기대가 강하면 금융시장의 참가자들은 그러한 기대를 토대로 먼저 움직인다. 그래서, 시장 참가자들의 미래에 대한 기대도 환율·주가·금리 등 금융시장 가격에 대단히 중요한 변수로 작용한다. 즉, 시장의 기대 심리 역시 시장 가격에 중요하며, 무시해서는 안 될 변수다.

생산성이 향상되면 환율은

생산성은 알고 보면 어렵지 않은 개념이지만, 설명을 듣기 전에는 개념이 막연하고 환율과의 연결고리는 직관적으로 와닿지 않는다. 이 부분에 초점을 두고 풀어본다.

일을 남들보다 많이 하면서도 들이는 시간은 많지 않고 질적으로도 우수한 사람을 '생산적'인 사람이라고 얘기한다. 생산성의 개념도 이와 통한다.

생산성(노동 생산성)의 기본 정의는 노동 투입량 한 단위당 재화와 서비스의 산출량이다. 단순하게 근로자 1명당 생산량이라고 생각해 보자.* 근로자 1명당 생산량(더 엄밀하게 말하면 근로

* 실제로는 국가마다 노동시간이 다르므로 1명당 생산량이 같더라도 노동시간이 더 길면 생산성에는 역효과가 나지만 단순화하기 위해 노동시간은 같다고 가정하자.

자의 노동시간당 생산량)이 증가하면 생산성이 개선된다. 빠르게 성장하는 국가, 예를 들어 1980년대 한국이나 2000년대 중국 같은 고성장 환경에서는 생산성도 빠르게 개선되기 때문에(생산량 증대, 판매량 증대, 이익 증대) 기업이 판매 가격을 인상하지 않고도 근로자에게 월급을 더 많이 줄 수 있다.

그런데 제조업과 서비스업에는 차이가 있다. 서비스업은 제조업과 비교하면 상대적으로 국가 간 무역이 어렵다. 한국 브랜드의 자동차

(제조업)는 전 세계 시장에서 소비자의 선택을 받기 위해 독일이나 일본 브랜드의 자동차, 중국 전기차와 경쟁하지만, 서울의 미용실(서비스업)이 미국 뉴욕의 미용실과 손님을 두고 경쟁할 이유가 없다. 따라서 서비스업은 제조업과 비교하면 국가 간 치열한 경쟁에 노출되지 않기 때문에 생산성 향상이 더디다.

그러나, 서비스업의 사업자는 우수한 근로자를 채용하기 위해 국내의 제조업 부문에 속한 기업들과 채용 경쟁을 해야 한다. 그러기 위해서는 매력적인 임금을 제시해야 해서, 결국 점점 임금이 오른다. 그러면 결국 서비스 대가인 미용실의 커트 가격을 올려야 한다. 하지만, 서비스업은 생산성 개선이 더디다 보니 가격을 올리면 인플레이션이 초래된다. 제조업 비중이 높은 국가라고 하더라도 제조업 만으로 국가의 경제가 돌아가지는 않으니 경제 전체적으로는 인플레이션이 생기게 된다.

예를 들어, 나이키 신발을 떠올려 보자. 동일한 나이키 특정 모델의 신발을 한국과 인도에서 동시에 생산하는데 한국은 생산성이 높아서 인플레이션이 생기지 않고, 반면에 인도는 생산성이 낮아서 인플레이션이 생긴다고 가정해 보자. 그래서 1년이 지나자 인도에서만 그 신발 가격이 많이 올랐다.

그럼 양국 통화가치는 상대적으로 어떻게 변하는 것이 자연스러울까? 한국은 생산량이 늘어나서 국내 수요를 충족하고도 남아 수출까지 했더니 수출 대금인 달러화가 국내로 많이 들어와서 외환시장에서 달러화를 팔아 원화로 바꾸려는 거래가 많아진다. 그러면 달러화를 팔겠다는 사람이 많으니 달러화 가격은 내리고 원화를 사겠다는 사람이 많으니 원화 가격은 올라가서 달러·원 환율은 하락한다. 즉, 생산성 높은 국가의 통화는 강세가 되어, 그 가치가 상승한다.

반면에 인도는 생산성이 오히려 하락하는 바람에 국내 수요를 충족하기도 힘들어져 한국에서 같은 모델의 나이키 신발을 수입하게 된다. 그러면 한국에서 수입하면서 달러화를 지급해야 해서 외환시장에서 인도 통화(루피, Rupee)를 내고 한국에 지급하기 위한 달러화를 사는 거래가 많아진다. 그러면 달러화를 사겠다는 사람이 많으니 달러화 가격은 오르고, 인도 루피화를 팔겠다는 사람이 많으니 인도 루피화 가격은 내린다. 즉, 생산성 낮은 국가의 통화가 약세가 되어, 가치가 하락한다. 결론적으로 생산성이 높으면(낮으면) 통화가치는 이론적으로 상승(하락)한다.

어렵게 생각할 것 없다. 보다 단순하게 풀어보자면, 같은 시간에 숙제를 더 많이 하고 완벽하게 해낸 사람(A)과 그렇지 못한 사람(B)을 비교하면 A가 생산성이 더 높다. 마찬가지로 같은 시간에 신발을 더 많이 만들고 불량품 없이 정상품만 만들어낸 국가(C)가 그렇지 못한 국가(D)보다 생산성이 더 높다.

극단적인 예를 들면, 1년에 겨우 신발 한 켤레, 자동차 1대, 의복 1

벌만 생산할 수 있는 국가(E)가 있는 반면에, 인구수만큼 풍부하게 생산하는 국가(F)가 있을 경우 F가 생산성이 더 높다. 이렇게 생산성은 국민의 생활수준을 대변하는 가장 확실한 잣대다. 그래서 국가의 경제 정책도 생산성이 향상되도록 근로자의 교육 수준을 높이고, 장비 수준을 높이고, 기술 수준을 높이는 데 주력해야 한다. 다른 모든 조건이 같다면 생산성이 높은 국가의 통화 가치가 그렇지 못한 국가의 통화 가치보다 높아지는 것은 당연하다.

현실의 연결고리

생산성 개념이 막연하다면, 실제 통계를 찾아볼 수 있다. 미국의 경우 노동통계국이 분기별로 생산성 증가율을 공개한다. (사이트 주소: https://www.bls.gov/productivity)

OECD 사이트에서는 국가별 생산성 비교를 볼 수 있다. OECD 사이트를 들어가기 전에 'OECD productivity by country'로 검색하면 쉽게 연결된다.

가시성 여부

생산성은 단기가 아닌 장기에 걸쳐 변화하므로 수시로 변하는 환율과의 연관성이 직관적으로 드러나지 않는다.

국제 무역과 환율

한국은 무역 의존도가 높은 나라다. 무역 의존도는 수출액과 수입액을 더한 금액을 GDP로 나눈 것이다. 즉, GDP 대비 수출+수입 금액의 합계다. 한국의 대표적인 수출 제품은 반도체, 자동차, 대형 선박, 2차 전지(배터리) 등이다. 대표적인 수입 품목은 원유다.

현실에서는 수출과 수입이 동시에 감소하는 시기가 있다. 수출이 감소할 때 국내로 유입되는 달러화가 감소하면 외환시장에서 달러화를 팔고자 하는 물량이 줄어들면서 달러화 가격은 상승할 것이다. 즉, 달러·원 환율은 상승할 것이다. 반대로 수입이 감소하면 외국에 지불해야 할 달러화 매입량이 감소하므로 외환시장에서 달러화를 사고자 하는 물량이 줄어들어 달러화 가격은 하락한다. 즉, 달러·원 환율은 하락한다. 이렇게 되면 달러화 상승 요인과 하락 요인이 동시에 발생해서 상충되는 상황이다. 이때, 환율은 어떻게 반응할까?

수출과 수입이 동시에 증가하는 시기도 있다. 수출이 증가하면 수출 기업으로 유입되는 달러화 금액이 증가한다. 수출 물량이 증가해서 그럴 수도 있고 수출품의 단가가 상승해서 그럴 수도 있다. 물량과 단가가 함께 증가할 수도 있다. 반면 수입이 증가하면 국외로 유출되는 달러화가 증가한다. 원유 수입량이 증가해서 그럴 수도 있고, 원유 가격이 상승해서 그럴 수도 있다.

한국처럼 개방된 경제에서는 수출과 수입의 증가/감소 방향이 대체로 일치한다. 스마트폰이나 자동차처럼 부품 많고 복잡한 제품일수록, 제품 생산 과정에서 거미줄 같이 촘촘히 짜인 전 세계 공급망을 통해 수출과 수입이 다수 발생한다. 수출 주문량이 많아지면 그에 따라 수입 물량이 덩달아 많아지고 수출 주문량이 줄어들면 수입 물량도 함께 감소하기 쉽다. 그래서 수출은 늘고 수입은 줄거나, 수출이 줄고 수입은 증가해서 따로 노는 케이스는 흔하지 않다.

그렇다면 **수출도 줄고 수입도 줄어든 케이스에서** 이렇게 달러화 강세 요인과 하락 요인이 상충될 때, **달러화는 어느 방향으로 움직일까?**

수출과 수입이 함께 감소하는 시기는 대체로 글로벌 경제가 침체되는 시기라서 한국 제품에 대한 전 세계 수요가 감소한다. 전 세계 경제가 침체되고 수요가 부진하여 부정적인 환경에는 안전자산인 달러화가 강세인 경향이 있다.

반면, 수출과 수입이 함께 증가하는 시기는 대체로 글로벌 경제가 확장되며 성장이 회복되는 시기라서 한국 제품에 대한 전 세계 수요가 증가한다. 이런 상황에서는 달러화에 투자되어 있던 자금들이 고수익을 찾아 성장세가 두드러진 국가로 퍼져 나가는 경향이 생겨 달러화를 팔고 투자할 국가의 통화를 사는 거래로 이어진다. 이 시기에, 달러화는 하락하기 쉽다. 결론적으로 달러화 가치가 상승할 때 전 세계 무역량은 감소하고, 달러화가 하락할 때 무역량은 증가

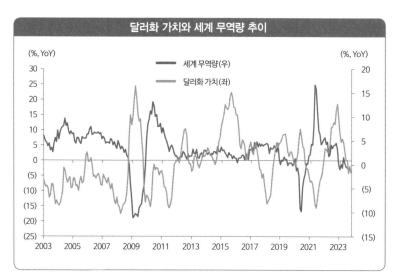

달러화 가치와 세계 무역량 추이

(%, YoY)   세계 무역량(우)   (%, YoY)

달러화 가치(좌)

* YoY는 Year over Year의 약자로, 전년도 동일한 시점의 데이터와 비교했다는 의미.

자료: Bloomberg

하는 경향이 있다.

참고로 수출품 가격과 수입품 가격의 비율을 순상품 교역조건이라 한다. 한국의 대표 수출품인 반도체 가격이 상승하거나 대표적 수입품인 원유 가격이 하락하면 교역조건이 개선되는 것이고, 교역조건이 개선되면 이론적으로 환율이 하락한다(자국 통화 강세). 반대로 교역조건이 악화되면 이론적으로 환율이 상승한다(자국 통화 약세).

현실의 연결고리

한국의 수출·수입 지표는 매월 첫날 관세청이 잠정치를 발표한다. 7월 한 달간의 수출 지표가 8월 1일에 발표되는 식이다. 휴일을 불문한다. 그리고 한국의 수출 지표는 한국뿐 아니라 전 세계적으로 관심이 높고 중요한 지표라서 매달 1~10일, 1~20일까지의 지표를 각각 11일과 21일에도 발표한다. 다만, 이렇게 10일치 데이터를 발표할 때는 발표일이 주말이나 공휴일인 경우 다음 영업일에 발표한다.

체감 가능 여부

수출은 한국 경제의 성장 동력이자, 전 세계 제조업 경기를 반영하는 중요 지표이므로 환율과의 상관성이 높다. 매일 수출 지표가 업데이트 되지는 않지만 하루 만에 수출액이 급변하는 경우는 있다. 조선사의 경우 선박 한 대의 수주 금액이 수억 불에 해당하는 사례가 많으므로 조선 산업 최대 호황기였던 2000년대 중반에 조선사의 수주 뉴스가 환율에 미치는 영향이 눈에 띄는 경우도 많았지만 2010년대 중반 이후에는 시장에 미치는 임팩트가 그리 크지 않다.

국제 무역과 관련해 더 심화된 내용은 PART3 부분을 참고하기 바란다.

국제 수지와 환율

먼저, 국제 수지와 환율 섹션의 내용은 초보자가 보고 한 번에 기억하기 어려울 수 있다. 오랜 기간 관심을 가지고 지켜봐야 익숙해질 텐데, 처음에는 이 개념들이 국내 달러화 유입(환율 하락)으로 연결되는지, 달러화 유출(환율 상승)로 연결되는지에 초점을 맞춰보자. 나중에 다시 보겠다는 마음으로 일단 넘어가도 좋다.

국제 수지는 한 나라가 다른 모든 나라와 거래한 기록을 집계한 것이다. 수지는 수입과 지출을 의미하므로 한국의 국제수지는 한국이 다른 국가들과 거래할 때 발생한 수입과 지출을 집계한 것이다. 미국 달러화를 계산 단위 통화로 작성한다. 크게 보면 개인의 소득과 지출처럼 일상적으로 들어오고 나가는 돈의 흐름도 있고, 큰맘 먹고 투자하거나 투자를 받는 돈의 흐름도 있다.

이러한 거래들은 국제적 표준에 따라 크게 **경상수지**(current account)와 자본수지, 금융계정으로 구분한다. 경상수지는 꾸준히 발생하는 경상적(經常的) 거래의 수입과 지출이다. 꾸준하게 매일 같이 반복되는 거래가 이러한 구분에 어울린다. 대표적인 것이 기업의 수출과 수입이고, 재화(goods)의 수출과 수입을 기록한 것이 **상품수지**다. 재화는 상품과 제품을 포괄하는 동시에, 서비스와 대비되는 개념이다.

우리나라처럼 수출이 많은 국가는 수입보다 수출이 많아 대체로 상품수지에서 흑자가 발생한다. 수입보다 수출이 많으면 흑자(surplus), 그 반대는 적자(deficit)라 한다. 특히, 우리나라는 제조업 강국이므로 일반적으로 서비스수지보다 상품수지 흑자가 크다. 영어 단어의 의미와 연결해보면 상품수지 흑자는 우리나라 전체의 관점에서 제조 기업들이 사업에서 이윤을 남겼다는 얘기고, 반대로 적자는 사업에서 손실을 봤다는 얘기다.

그런데, 이러한 국제 거래는 대부분 기축통화인 달러화로 거래되므로 상품수지 흑자는 달러화가 많이 들어와 남았다는 것이고, 적자는 달러화 지불액이 더 커서 달러화가 유출되었음을 의미한다. 외환시장 관점에서는 상품수지 흑자의 경우 기업들이 남는 달러화를 국내 외환시장에서 내다 팔며 원화로 바꾸니 달러화 가격이 하락하고, 달러·원 환율도 하락한다. 반대로 상품수지 적자의 경우는 기업들이 오히려 원화를 주고 달러화를 사는 금액이 더 많아져서 달러화 가격이 상승하고, 달러·원 환율도 상승한다.

그런데 경상수지에는 한국의 경우 상품수지가 큰 비중을 차지하지만, 상품수지만 있는 것이 아니다. **서비스 수지**도 있고, **본원소득 수지**도 있다. 서비스 수지는 여행이나 대형 건설 프로젝트 등이 해당한다. 우리가 해외 여행 가서 지출하는 것과 외국인이 국내 여행 와서 지출(한국 경제로는 달러화 유입)하는 것이 서비스 수지의 일종인

여행 수지다. 국내 건설사가 해외에서 대형 건설 프로젝트를 수행하고 받아오는 달러화도 서비스 수지에 속한다.

본원소득수지는 우리가 해외 투자한 주식에서 발생하는 배당금 수령액, 해외 채권에서 발생하는 이자 수입과 외국인이 국내에 투자한 국내 주식에서 발생한 배당금 지급액, 국내 채권에서 발생한 이자 지출이 대표적이다. 우리 국민들이나 연기금 등 기관 자금의 해외 주식, 채권 투자가 늘어났는데 우리가 해외에서 수령하는 배당금과 이자는 대체로 연중 꾸준하게 발생한다. 반면, 국내 기업들이 주총 이후 배당금을 지급하는 시기는 4월에 비교적 집중되어 있어 4월에는 배당금 중 외국인에게 지급되는 금액이 달러화로 전환되며 달러·원 환율에 상승 압력을 가하는 경향이 나타난다. 다만, 외환 시장을 움직이는 다른 모든 변수를 압도할 정도의 강력한 영향력은 아니다. 참고로 현재 세계 최대의 순채권국, 즉 해외 투자한 금액이 가장 많은 나라는 일본이라서 일본의 경우에는 본원소득수지가 경상수지에서 차지하는 비중이 상품수지보다 압도적으로 큰 반면, 한국은 본원소득수지보다 상품수지 비중이 크다.

이 밖에 경상수지 항목에는 **이전소득수지**도 있는데 저개발국에 대한 무상 원조, 국내에서 일하는 외국인 노동자들의 해외 송금 등이 포함되며 상대적으로 비중이 미미하기 때문에, 환율을 의식할 때는 무시해도 좋다.

이렇게 경상적으로 발생하는 경상수지와 대비되는 개념이 **금융계정**(financial account)이다. 외국인들의 자본 유출입이 금융계정에 해당하고 국내 일반 개인이나 연기금의 해외 주식·채권 투자도 금융계정에 포함된다. 그리고 국제수지 집계에서의 자본수지는 우리의 통념과 달리 지극히 제한적인 부분만 집계해서 외채 상환을 면제받거나 반대로 한국이 외국에 빌려준 외채를 탕감해주는 금액 등이 해당된다.

그런데, 개념적으로는 외국인의 국내 투자나 한국인의 해외 투자가 자본 유출입을 의미하므로, 사람들이 대화하며 비공식적인 언어로 자본 유출입을 얘기할 때는 금융계정이라는 표현보다 자본수지라는 표현을 쓰는 경우가 흔하다. 맥락상 알아들어야 하는 부분이다. 만약 실제 한국은행의 발표 자료에서 자본유출입을 확인하고 싶다면 금융계정을 확인하면 된다.

여기서 혼동할 수 있는 부분이 경상수지상 본원소득수지와 금융계정일 듯하다. 만약 여러분이 미국 주식에 투자하면 한국의 국제수지에는 두 가지 유형으로 잡힌다. 당장에 미국 주식 투자 금액은 금융계정의 증권투자(portfolio investment)에서 자산 계정으로 잡힌다. 하지만, 나중에 해당 미국 주식에서 발생하는 배당금 수령액은 경상수지의 하위 항목인 본원소득수지에 집계된다. 한편, 외국인이 한국 주식에 투자한 금액은 금융계정의 증권투자에서 부채 계정으로 잡힌다. 달러화는 유입되지만, 한국 경제의 입장에서 보면 외국인이 권리를 보유한 부채이기 때문이다.

금융계정에는 증권투자만 있는 것이 아니다. 일반적인 개인들의 해외 주식 투자가 증권투자로 잡히는 반면, 국내 기업의 해외 기업 인수나 해외 공장 설립 등은 직접투자에 해당하며 자산에 해당한다. 반대로 해외 기업이 국내 기업을 인수하거나 국내에 공장을 설립할 때의 투자금은 직접투자의 부채 계정에 잡힌다. 또, 금융계정에는 준비자산(Reserve assets) 항목도 있는데, 중앙은행이 보유한 외화와 금을 나타내며 이는 통상적으로 이야기하는 외환보유고에 해당한다.

국제수지표상의 개념과 환율의 추이를 비교한 그래프는 PART3의 2장, '외국인의 자본유출입과 환율'에 담았다.

경상수지 흑자가 증가하면 달러화 유입이 많으므로 달러화는 하락 압력을 받고, 금융계정에서 부채 계정이 늘어나면 해외 자금 유입이 많아지므로 달러화 유입 증가, 달러화 하락 압력으로 연결된다.

반면, 경상수지 흑자가 줄어들거나 적자가 늘어나면 달러화 유출액이 많아지므로 달러화는 상승 압력을 받고, 금융계정에서 자산 계정이 늘어나면 해외 투자가 많아지는 것이므로 달러화 유출 증가, 환율 상승 압력으로 연결된다. 또, 준비자산으로 표현되는 중앙은행의 외환보유고가 증가할 때, 중앙은행이 외환시장에서 달러화 등 외화를 매입하므로 달러화 가격(환율)은 상승하고 외환보유고가 감소할 때는 중앙은행이 달러화 등 외화를 매도하므로 달러화 가격(환율)

은 하락한다.

다만, 경상수지를 언급한 기사를 접할 때 유념해야 할 것이 있다. '어제 신문보다 더 오래된 것도 없다(Nothing deader than yesterday's newspaper(by Edward Abbey))'는 말이 있듯, 과거의 데이터에 과도한 의미를 부여할 필요가 없다. 경상수지는 한 달 이상의 기간이 지나서 지연 발표되므로 이미 한 달도 넘은 과거의 수지 타산에 해당할 뿐이다. 한 달 넘게 지난 과거의 경상수지와 현재의 경상수지 환경은 달라졌을 수 있다. 예를 들어 수출이 침체를 겪은 뒤 본격적으로 반등하기 시작하는 변곡점 국면에서는 경상수지가 적자였다가 흑자로 전환될 수 있는데, 과거의 수출 침체에 따른 경상수지 적자는 환율 상승 요인이었겠지만 지금은 오히려 수출 환경이 좋아지면서 경상수지를 개선시키는 변수가 되었을 것이다. 이는 환율 하락 요인이지만 현재 발표된 과거의 경상수지 지표는 당장의 개선된 환경을 보여주지 못한다. 즉, 발표된 과거의 경상수지가 적자라면 환율 상승을 떠올리겠지만, 그날 외환시장에서 달러·원 환율은 하락하는 상황이 충분히 가능하다.

한편, 국제수지표를 개인의 소득·지출과 재산에 대응해 볼 수도 있다. 일반 개인이 회사 급여나 사업 소득으로 꾸준히 발생되는 소득이 지출보다 많으면 투자 여력이 생겨서 투자금이 늘어난다. 이렇게 투자할 때, 우리 지갑과 통장 잔고에서 현금은 빠져나가지만 자산 형태로 잡힌다. 반면에 소득보다 지출이 많아서 이를 메꾸기 위해 은행에서 차입할 수도 있다. 차입한 것은 부채다. 이렇게 자산이나 부채로 잡히는 것이 금융계정에 대응되고, 개인의 소득·지출이 경상수지에 대응된다.

현실의 연결고리

한국의 경상수지는 한 달이 조금 더 지난 시기에 한국은행이 발표한다. 7월 한 달 간의 수출 지표가 9월 10일에 발표되는 식이다. 한국은행 사이트에 들어가서 보도자료 섹션을 보면 확인할 수 있다. 한국은행경제통계시스템(ECOS) 사이트에 직접 들어가면 장기간의 데이터도 확인할 수 있다.

경제 정책과 환율

이 챕터는 2016년 미국 대선에서 트럼프 후보가 당선된 당시 트럼프가 내세웠던 경제 정책과 그에 따른 달러화 반응을 유의하며 읽으면 좋다.

정부와 중앙은행은 국가 경제가 합리적 수준에서 운용되도록, 법에서 부여하고 위임한 역할을 수행한다. 국가 기관의 경제정책은 크게 통화정책과 재정정책으로 구분된다. 통화정책과 재정정책은 수행하는 주체가 다르다. 통화량이나 금리를 조절하는 통화정책은 한국은행에게 그 역할과 권한이 부여되어 있다.

반면, 재정은 국가나 지방자치단체가 수입과 지출을 관리하는 정부의 살림살이다. 국가의 수입은 세금으로 충당하고(재정수입), 그 모인 자금을 토대로 자금이 필요한 곳에 경비를 집행한다(재정지출). 재정수입과 재정지출을 관리하는 것이 정부의 재정정책이다.

아직 경제 분야가 생소한 분들에게는 이런 설명이 와닿지 않을 수 있다. 이렇게 비유해 보자. 아직 인류에게 하늘에서 내리는 강수량을 조절할 능력은 없지만 (있는 것으로 가정하고) 국토 전역에 뿌릴 강수량을 조절하는 기능을 통화정책에 비유하면, 상수도 사업을 통해 가정과 상가(상업시설), 공장(산업시설) 등 국민 경제 곳곳에 수돗물을 공급하는 사업은 재정정책에 비유할 수 있다. 그래서 통화정책은 경제의 광범위한 영역에 골고루 영향을 미치는 반면, 재정정책은 보다 국지적인 영향을 미친다.

통화정책과 재정정책을 통틀어 경제 안정화 정책이라 일컫는데, 실생활이나 언론에서 잘 쓰는 표현은 아니다. 다만, 왜 경제 안정화 정책이라 표현하는지는 곱씹어 볼만하다. 현실의 경제는 좋을 때 한 없이 좋고, 나쁠 때 한없이 나빠지기도 한다. 이 변덕스러운 현실을 좀 평탄하게 만들 수 있다면, 경제 주체들은 좀 더 안정적인 생활을 영위할 수 있을 것이다. 그래서 중앙은행은 인플레이션이 너무 높으면 억누르려 정책을 쓰고(금리를 올리고 통화량을 줄인다), 디플레이션에 빠지면 적절한 수준의 인플레이션을 되살리려 정책을 쓴다(금리를 내리고 통화량을 늘린다). 정부도 경제가 침체되어 실업자가 많아지면 세금을 감면하거나 재정 지출을 늘려서 경제에 온기를 불어넣는다. 반대로 경제가 과열된 경우에는 세금을 인상하거나 재정 지출을 줄여서 경제를 식힐 수 있다.

통화정책과 재정정책은 환율에도 영향을 미친다. 먼저, 중앙은행이 기준금리를 인상하면 통화가치가 상승한다. 기준금리를 올리는 것은 긴축적인 통화정책이다. 중앙은행이 기준금리를 올리면 차입자 부담이 커져, 차입한 가계는 소비를 줄이고 차입한 기업은 비용 절감과 함께 투자를 줄이며 허리띠를 졸라맨다. 살림살이가 팍팍해지기 때문에 긴축적이라 한다. 높아진 국내 금리로 인해, 높은 금리를 찾아 다니는 해외 투자자들에게는 그만큼 투자 매력이 높아진다.

정부가 지출을 늘리면(확장적 재정정책) 정부 예산이 투입된 곳에서 경제 주체들의 소득이 늘어나고 그에 따라 물가가 상승하면서 시장 이자율이 오른다. 시장 이자율이 오르면 해당 통화가치는 상승한다.

이렇듯 긴축적 통화정책과 확장적 재정정책의 조합은 통화가치 상승을 부른다. 대표적 사례는 2016년 미국 대선에서 도널드 트럼프 대통령이 당선되었을 때 나타났던 달러화 상승 현상이다. 당시는 미국 중앙은행격인 연준(Fed)이 기준금리를 인상하는 기간 중에 있었고, 트럼프의 대선 공약 골자는 확장적 재정정책이었다. 사실 미국 정계의 이단아였던 트럼프가 당선되리라 예측한 시장 참가자는 많지 않기에, 선거 결과는 충격적이었다. 그리고 금융시장은 즉시 트럼프 시대의 경제 정책을 반영하기 시작했다. 즉, 긴축적 통화정책과 확장적 재정정책에 따른 통화가치 상승을 반영하여 달러화가 단기간에 급상승했다.

기준금리를 인상하면 긴축적 통화정책이라 하는 반면, 기준금리를 인하하면 완화적 통화정책 또는 확장적 통화정책이라 한다. 한국은행의 기준금리는 금융기관과 거래할 때 적용되는 금리로 상당히 단기인 7일물 거래에 적용한다. 따라서, 단기 금리에는 즉각 영향을 미치고 은행의 예금 금리, 대출 금리, 더 나아가 장기 시장금리에도 영향을 미친다. 금리가 변하므로 경제 주체들의 소비, 투자에도 영향이 파급된다. 만약 기준금리를 인하할 경우 단기 금리는 즉각 하락하며, 은행 예금과 대출 금리, 장기 시장금리도 하락 압력을 받는다. 금리가 하락하면 차입하려는 수요가 늘어나고 기존 차입자는 (변동금리로 빌렸을 경우) 대출 이자가 줄어들고 예금자는 예금 수입이 감소한다. 그리고 통화가치는 하락한다.

한편, 중앙은행이 기준금리를 인상하거나 인하하면 주식시장도 반응한다. 기준금리를 인상하면 채권 수익률도 높아져서 상대적으로 주식의 매력이 감소한다. 또, 이론적 주가에 해당되는 기업의 미래 예상 현금흐름에 대한 현재가치 평가액도 높아진 금리 때문에 하락한다. 즉, 기준금리 인상은 주식시장에 부정적 시그널이 된다. 기준금리 인하가 주식시장에 미치는 영향은 그 반대다. 그래서 주식시장은 중앙은행의 기준금리 인하를 호재, 좋은 뉴스로 받아들인다.

그런데, 현실에서는 시장의 반응이 일관적이지 않다. 경제가 워낙 좋고 미래 전망도 밝아서 과열된 경제를 식히려 중앙은행이 금리를 인상한 경우에는 낙관론에 취한 주식시장이 금리 인상을 무시하는 경우도 있다. 또는 연속적인 금리 인상 과정에서 종점에 다가섰다는 심리가 강해지면, 금리 인상이라는 결과보다 금리 인상이 끝나간다는 심리에 주식시장이 반색할 수도 있다.

중앙은행이 기준금리를 내리겠다는 신호를 분명히 보내서 시장 참가자들이 금리 인하를 기정사실화하며 미리 움직였다면(이를테면, 주식을 미리 매입) 실제 기준금리 인하 결정이 이뤄졌을 때는 오히려 주식을 매도하는 반응을 보이기도 한다. 기준금리를 올리는 경우에도 이런 현상이 나타날 수 있다. 이런 현상을 '소문에 사고 뉴스에 판다(Buy the rumors, Sell the facts)'고 표현한다. 기업의 미래 이익 증가를 시사하는 소문에 주식을 산 뒤, 막상 해당 소문이 뉴스를 통해 사실이 확인되면 이미 주가가 오른 주식을 매도함으로써 이익을 실현하는 것을 의미하는 표현인데 주식에만 쓰는 표현은 아니고 광범위하게 쓴다. 기대 심리로 시장 참가자들이 미리 움직이기 때문에 이런 패턴은 시장에서 흔히 발생한다.

한편, 재정 지출은 한 번 늘리면 다시 줄이는 것이 쉽지 않다. 일반 가계도 씀씀이가 커진 상황에서 갑자기 경제적 어려움이 닥쳐 소비를 줄이려면 스트레스가 커지는 것과 마찬가지다. 장기적인 정부 살림을 생각하면 정부도 재정 상태를 건전하게 관리해야 하므로, 확장적 재정정책을 한 뒤에는 다시 재정 건전성을 회복하려 낭비되는 예산이 없는지 꼼꼼하게 검토하게 된다. 재정지출은 홍수로 인해 재난지역으로 선포된 지역에 대한 지원금, 코로나19에 따른 긴급재난지원금 같은 보조금 형태도 있고, 도로나 항만 등에 대한 사회 인프라 투자 등의 형태도 있다.

돈의 본질, 미국 돈의 간략한 역사

돈, 화폐*의 핵심은 신용이다. 신뢰를 기반으로 주고받으며 유통된다. 그래서, 생명력을 유지하려면 화폐 실물은 물론, 화폐 시스템 전체

* 돈과 화폐, 통화는 완전히 같은 개념은 아니지만, 이 책에서 이 용어를 엄밀하게 구분하는 것은 이 책의 목적 범위를 넘어선다. 단지, 상대적으로 돈은 구어적 표현이고 화폐와 통화는 문어적 표현이라는 정도만 알아두자.

를 믿을 수 있어야 한다. 내가 거래 상대방으로부터 돈을 받을 때 그 돈을 얼마든지 내가 필요한 용도에 쓸 수 있다는 믿음이 있어야 그 돈이 거리낌 없이 융통될 것이다.

한국에서 통용되는 원화 Korean Won 는 한국은행이 보증한다는 믿음이 기저에 깔려 있기에 사람들이 원화를 사용한다. 한국은행이 찍어낸 원화는 한국은행에 대한 청구권이다. 즉, 성격상 한국은행이 갚아야 할 부채다. 실제로 한국은행의 대차대조표에 **유동부채*** 항목으로 잡혀 있다. 그래서 1,000원짜리 지

* 비유동부채와 비교되는 회계적 용어로, 1년 이내 갚아야 하는 부채.

폐는 한국은행에 그 액면 금액만큼의 가치를 청구할 수 있는 권리이지만, 아무도 한국은행에 가서 청구할 생각을 하지 않는다. 국내의 모든 거래에 제한 없이 통용되기 때문이다. 얼마든지 양도 가능해서 유동성이 높다.

미국은 물론 전 세계 무역과 금융 거래에서 통용되는 미국 달러화(US Dollar)는 미국의 연준이 보증한다는 믿음이 기저에 깔려 있다. 하지만, 어느 시기 어느 장소에서나 돈에 대해 이렇게 군건한 믿음이 있는 것은 아니다. 당연히 미국이 독립하기 전, 식민지 시절일 때는 융통되는 돈의 종류가 단일하지도 않았고 발행하는 기관도 여럿이었다. 그렇다면 사람들이 그 돈을 어떻게 믿고 거래할 수 있었을까. 한국은행이나 미국 연준에 버금가는 신용을 누가 부여해 줄 것인가.

그 신뢰나 신용을 제공할 만한 듬직한 기관이 없을 경우에는 담보할 자산이 있으면 된다. 즉, 당시의 식민지 미국인이 상대방한테 어떤 돈을 받을 때, 그 돈을 담보하는 토지 같은 자산이 있으면 믿고 거래할 수 있다*. 신대륙의 속성상 토지가 풍부했기 때문에 미국 독립(1776년) 이전의 식민지 시대였던 18세기 초부터 은행들이 부동산을 담보로 잡고 종이 화폐인 지폐를 발행해서 대출을 해주기 시작했다.

* 은행이 개인에게 주택담보 대출을 해 주는 원리와 같다.

지금의 달러 기호($)가 채택된 것은 1785년이다. 한편, Financial Times 등 주요 서구 언론들이 미국 달러화를 지칭하며 지금도 많이 쓰는 "greenbacks"라는 별명은 1861년에 남북전쟁 자금 조달을 위해 발행한 지폐 뒷면의 녹색 잉크에서 유래했다. 1861년 이후 발행된 모든 미국 통화는 지금도 유효하고 액면가 그대로 상환 받을 수 있다.

책의 서두에 언급한 2달러 지폐는 1862년부터 인쇄되기 시작했는데 세기가 바뀔 무렵 대부분의 미국인이 한 달에 15달러 미만을 벌었다는 점을 고려하면 당시 2달러 지폐는 큰 액수였기 때문에 지폐 사용이 보편화되기까지는 시간이 꽤 걸렸다. 이후 시대에도 2달러 지폐 수요와 사용이 줄어들자 1966년에는 지폐 인쇄를 중단한 뒤 1976년에 미국 독립 200주년을 맞아 뒷면의 도안을 바꿔 재인

쇄했는데, 미국인들은 200주년을 맞아 재인쇄된 것에 의미를 부여해 특별히 수집하여 보관하는 사례가 많았고 그 결과 2달러 지폐 사용은 활성화되지 못했다.

달러와 환율 움직임에 대한 표현들

우리에게 환율은 외국 통화의 가격이고 $1가 자국 통화(원화) 얼마에 상응하는지로 표현된다. 환율이 $1=1000에서 $1=900이 되면 $1달러 사는 데 필요한 돈이 900원으로 줄어든 것이다. 필요한 원화가 줄었으니 상대적으로 원화 가치는 상승한 것이다. 그래서 환율이 내리면 원화 가치가 상승했다고 생각하면 된다. 반대로, 원화 가치가 상승하면 환율은 내린 것이다. 환율이 오르면 원화 가치는 상대적으로 하락한 것이고, 달러나 외국 통화 가치는 상승한 것이다.

한편, 달러화 강세(appreciation)라는 표현은 달러 가치가 상승할 때 쓰는 표현이다. 반면, 달러화 약세(depreciation)라는 표현은 달러 가치가 하락할 때 쓰는 표현이다. 가끔 달러화나 환율에 대해 절상 (upvaluation)과 절하(devaluation)라는 표현을 쓰는 경우도 있는데, 틀렸다고 할 정도는 아니지만 정확하지 않은 표현이다.

환율이 국가의 정책적 결정이 아니라 시장의 자연스런 수요·공급에 의해 결정되도록 하는 시장변동환율제도에서는 더욱 그렇다. 중국이나 베트남처럼 관리변동환율제도를 적용하는 국가의 정책 당국이 환율을 특정 방향으로 유도하는 경우처럼 정책적 의도가 담겨 있다면 절상이나 절하라는 표현이 적합하겠지만, 시장변동환율제도의 한국에서 달러·원 환율이 절상되었다거나 절하되었다고 표현한다면 다소 어색하게 보일 수밖에 없다.

2장

주식, 채권과
달러화의 연결고리

주가, 금리, 달러화 환율을 불문하고 금융시장의 가격은 이론과 다르게 움직이는 일이 부지기수다. 하지만, 이론적 접근을 간과해서는 시장 가격을 이해하는 데 곧 한계에 부딪힐 것이다. 또, 경제적 접근만이 능사가 아니다. 시장 가격의 역동적 움직임에는 시장의 심리 변화가 녹아 있기에, 사회 심리학적으로도 이해할 필요가 있다. 하지만, 이러한 심리적 접근은 과소평가되기 쉽다.

환율이 오르내리는 단순한 원리

100점 만점인 시험에서 60점을 받았다. 잘한 걸까, 못한 걸까?

점수가 중요한 게 아니다. 잘한 건지 못한 건지는 시험의 난이도에 달렸다. 다른 사람들이 전부 20~50점 받았으면 내가 탑(top)인 것이고, 다들 70~90점 받았으면 내가 꼴찌인 것이다.

달러화의 가치, 달러·원 환율이 움직이는 원리도 그렇다. 상대가격이기 때문이다. 독보적인 달러화는 미국 통화이기 때문에 미국 경제와 그 밖의 세계를 양분해서 비교하면 된다. 그 밖의 세계에는 미국을 제외한 유럽, 중국, 일본, 한국 등이 모두 포함된다. 달러화 가치가 오르면 달러·원 환율이 상승하므로 분자에 미국을 두고, 분모에 그 밖의 세계를 두고 생각해 보자.

예를 들어 미국 경제가 호황이고 미국 금리가 높은 상황을 시험 점수가 높은 것에 빗대어 미국 점수를 85점이라 하겠다. 그러면 환율은 오를까.

환율은 상대 가격이라서 상대방에 달렸다. 그 밖의 세계가 90점을 받았으면 달러는 약세, 환율은 내린다. 반면, 그 밖의 세계가 60점이면 환율은 오른다. 후자가 2023년 대부분 기간의 상황에 해당한다.

이제, 미국 경제가 침체에 빠지고 미국 금리가 낮은 상황을 가정하고 미국 점수를 60점이라고 해 보자. 그럼 환율은? 역시 상대방에 달렸다. 그 밖의 세계가 더 부진해서 40점이면 환율은 오른다. 반면, 그 밖의 세계가 미국과 달리 좋아서 80점이면 환율은 내린다. 그래서 미국 경제가 다소 부진한 상황에서도 중국이나 유럽 경제가 더 심한 경제적 문제를 겪거나 극심한 침체에 빠지면 환율은 오른다. 2014~2016년의 상황이다. 당시 미국 경제가 공식적으로 침체는 아니었으나 침체를 어렵게 벗어나는 가운데 좀처럼 힘이 붙지 않던 시기다. 2015년 말부터 미국이 금리를 올리기 시작했지만 두 번째 인상까지 1년이 걸릴 정도로 속도는 더디기만 했고, 기준금리의 절대적 수준도 1%를 밑돌았다. 그럼에도 경제는 개선되는 흐름이었다.

＊ 양적완화 정책(Quantitative Easing, 줄여서 QE)은 중앙은행이 정책금리를 제로 수준에 근접하게 내려 금리를 더 내릴 여지가 없음에도 불구하고 경제 회복이 기대에 못 미칠 때 활용하는 정책이다. 장기 금리 하락을 유도(정책금리는 대개 단기 금리)하기 위해 국채 등을 무제한 매입하는 방식으로 유동성을 대규모로 공급하는 정책. 이때 중앙은행의 보유 자산이 확대된다.

하지만 중국이나 유럽은 경제 여건이 더 어려웠다. 중국 경제에 부정적 시선이 커졌던 시기였고 유로존 경제도 수렁에 빠져 기준금리 중 하나인 예금금리를 마이너스 영역으로 끌어내리고 **양적완화 정책＊**을 시작했던 시기다.

반면, 미국 경제가 뜨거워도 중국이나 유럽 경제가 더 좋으면 달러화는 약세를 보이고 환율은 내린다. 신흥국의 눈부신 성장 가능성이 부각되며 세계 경제에 대한 낙관론이 컸던 2000년대 중반 상황이 이 케이스에 해당했다. 글로벌 금융위기가 닥치기 전이었다. 분자에는 미국 경제와 미국 금리, 분모에는 그 밖의 세계 국가들 경제와 금리를 대입하여, 점수 비교하듯이 생각하면 단순해진다.

환율이 올라서 걱정이라는 말에 담긴 의미

긴축이라는 단어는 바짝 조이거나 줄이는 것을 의미한다. 주머니 사정이 궁해지면, 허리띠를 졸라맨다고 한다. 나만 허리띠 졸라매야 하는 게 아니라 우리 모두, 전 세계가 허리띠 졸라매야 하는 상황도 생긴다. 대표적으로, 강(強) 달러가 진행될 때다. 강 달러는 달러화 강세를 의미한다.

강 달러일 때 주가는 하락하는 경우가 많고, 금리는 상승하는 경우가 많으며 신용에 대한 평가도 인색해지기 때문에 어디서 돈 빌리기도 어려워진다. 이 상황을 두고 '금융 여건이 긴축된다'고 표현한다. 이 시기에 기업은 어쩔 수 없이 투자를 줄이고 가계는 소비를 줄여야 한다. 국제적인 원자재 거래는 결제 통화가 관행적으로 달러화이기 때문에, 원자재를 수입할 때의 원가도 환율 때문에 상승한다. 강 달러일 때, 즉 달러·원 환율이 높거나 높아질 때 대개 그렇다.

이렇게 달러화는 광범위한 파급력을 가졌다. 2022년에 달러화를 제외하고 거의 모든 자산 가격이 하락한 것은 달러화 가치가 상승한 영향이 컸다. 그래서, 달러화가 강해지면 한마디로 '골치 아파진다'고 생각하면 된다. 현실에서의 달러화는 단지 미국 돈일 뿐만 아니라 '돈 중에 돈'이며, 그것도 전 세계인이 가장 많이 쓰는, 돈 냄새 가장 강한 돈이다.

1971년, 미국 리처드 닉슨 정부의 재무장관이 이런 말을 했다.

"The dollar is our currency, but it's your problem."

달러화는 우리 미국 통화지만, 정작 골치 썩는 것은 당신들이라는 의미다. 흔히 인용되어 유명한 표현인데, 달러화의 기축통화 특권을 누리는 미국의 우월감이 드러난다.

발언이 나왔던 당시는 달러화가 약세였지만 강세일 때는 전 세계가 더 골머리를 앓는다. 강 달러 현상이 지속될 때, 경제 주체들은 허리띠를 졸라매야 하니 보수적인 태도를 갖게 되고, 전 세계 주식시장은 하락하기 쉽다.

주식시장은 기업들이 발행한 주식을 거래하는 곳이다. 그런데 웬만한 기업들은 차입금이 있다. 차입금의 만기가 되면 기업들은 차환하는 경우가 많은데, 즉 새로 꾸어서 앞선 차입금을 갚는 경우가 많은데 강 달러가 되면 이것도 예전에 비해 어려워진다. 그러니, 전체 기업들 자금사정도 팍팍해지고 소비자는 소비 줄이니 기업 매출이 줄고 투자까지 줄이니까 돈줄이 말라간다. 이것이 바로, 달러화가 정점에 달하

회사채 가산 금리와 달러·원 환율 추이

(%)   (원)

— 회사채(BBB-, 5Y) 가산금리(좌)
— 달러·원환율(우)

자료: Bloomberg

고 '킹 달러(King dollar)'라는 말이 나올 때 발생하기 쉬운 현상이다.

물론, 금리가 오를 때도 기업들이 기존 차입금을 차환하기가 어려워진다. 금리가 올랐기 때문에 새로운 차입금은 높은 금리로 빌려야 하는 데다, 금리가 오르면 신용 평가도 인색해지는 경향이 있어서 동일한 신용도를 유지하고 있어도 가산 금리 자체가 오르기 쉽다. 높은 금리 때문에 경제가 어려워지면 기업의 수익성도 악화되어 신용도까지 하락할 수 있다. 이런 현상들은 달러화가 강세일 때도 얼마든지 벌어질 수 있다.

금리는 돈의 가격이기 때문에 한국 국내 금리가 오르면 한국 돈의 가치가 상승하며 국내 금융여건이 긴축되는 것이지만, 전 세계의 돈줄인 달러화 가치가 상승하면 전 세계인의 돈 가격이 상승한 셈이기에 전 세계 금융여건이 긴축되기 쉽다. 앞쪽의 그래프를 한 번 보자. 달러 가격이 상승하고 나면 어느 정도 시차를 두고 국내 회사채의 가산금리가 상승하는 것처럼 보인다.

금리를 얘기할 때 가산 금리 또는 스프레드(spread)라는 표현은 어떤 기준이 되는 금리에 더해진 금리를 뜻한다. 현실의 금리에서 기준이 되는 금리는 단기 금리의 경우 중앙은행이 설정하기도 하지만(한국은행 기준금리) 만기가 다양한 기간에 걸쳐 있는 금리를 모두 중앙은행이 설정하지는 않는다. 대신에 시장의 자연스런 공급과 수요에 따라 가격이 결정되도록 내버려둔다. 가령 3년 국채 금리, 10년 국채 금리는 국내에서 3년 만기, 10년 만기의 금리를 결정하는 데 기준이 되는데 시장에서 자연스럽게 형성된다. 국채는 특정 회사가 아니라 국가가 발행한 채권이므로 그 나라에서 가장 믿을 만한 채권이다.

그래서 5년 만기 회사채 가산금리는 5년 만기 국채 금리보다 해당 회사채 금리가 얼마나 더 높은지를 보여준다. 그런데, 회사들의 신용도는 천차만별이다. 오랜 기간 안정적으로 운영되며 수익성 좋고 재무상태 역시 양호한 기업은 신용도가 높을 것이고, 부실한 기업은 신용도가 낮을 것이다. 신용 평가를 전문적으로 하는 기관도 있다.

	3대 신용평가 전문 기관의 장기 신용등급 분류		
Moody's	S & P	FITCH	투자적격 여부
Aaa	AAA	AAA	투자적격
Aa1 Aa2 Aa3	AA+ AA AA−	AA+ AA AA−	
A1 A2 A3	A+ A A−	A+ A A−	
Baa1 Baa2 Baa3	BBB+ BBB BBB−	BBB+ BBB BBB−	
Ba1 Ba2 Ba3	BB+ BB BB−	BB+ BB BB−	투자부적격
B1 B2 B3	B+ B B−	B+ B B−	
Caa1 Caa2 Caa3	CCC+ CCC CCC−	CCC+ CCC CCC−	
Ca C	CC SD & D	CC, C DDD, DD, D	

자료: 주요 시중은행 사업보고서

회사나 기관은 물론 국가의 신용등급을 크게 둘로 구분하는데 투자 등급(투자 적격)과 투기 등급(투자 부적격)으로 나뉘고 그 안에서 신용등급은 세분화된다. 그런데 공신력 있는 신용평가 전문 기관들의 신용등급 평가가 완전히 동일하지는 않다. 국내에도 신용평가 전문 기관들이 있지만, 국제적으로 공신력 있는 3대 기관의 등급 구분은 다음과 같다.

투자 등급은 BBB- 이상에 해당한다. AAA, A 등급은 BBB-보다 높은 등급이며, BBB- 등급까지가 마지노선이다. 그 이하의 신용 등급은 투자에 부적격한 투기 등급에 해당한다.

다시 본론으로 돌아오면, 경제 주체들의 신용에 따라 적용되는 가산 금리는 시시때때로 변한다. 거시 경제 상황이 지나치게 나빠지면, 기존에는 멀쩡하게 채무를 잘 갚던 채무자가 신용등급에 변함이 없더라도 갑자기 상환 능력이 떨어지면서 적용되는 가산금리가 상승할 수 있다. 반대로 경제가 호황을 맞으면 가산금리가 하락할 수도 있다.

그리고 '회사채 가산 금리와 달러·원 환율 추이' 그래프에서 보듯 달러·원 환율의 상승과 하락이 시차를 두고 가산금리의 상승과 하락으로 연결되는 것은 통화정책 효과가 실물 경제에 파급되기까지 시차가 존재하는 것과 관계가 깊다. 기존 차입자는 차입금 만기 날짜가 돌아와서 차환하기 전까지는 금리 상승의 영향에 직접 노출되지 않는다. 고정 금리가 아니라 변동 금리로 차입했다면 상승한 금리만큼의 압박을 이자 낼 때만 느낄 것이다. 하지만, 차입금 만기에는 신용도가 하락했을 수도 있고 신용 가산 금리와 금리 자체가 올랐을 수 있기에 자금 압박이 더 심해진다.

더욱이 기업이나 기관들은 해외에서 달러화로 자금을 조달하는 경우도 많기 때문에 미국 금리가 오르거나 달러 가격이 오르면 원화로 지불해야 하는 원금 자체가 불어난다. 금리가 상승할 때 차입자들이 직면할 진정한 시험대는 차입금 만기인 경우가 많으므로 본격적으로 스트레스가 표출되기까지는 시차가 생긴다. 전 세계 곳곳에서 빌린 달러화 부채가 많을수록 달러화 강세, 환율 상승기에 어려움을 겪는다. 그리고 여기서 생긴 금융 스트레스는 전염되기 쉽다.

주가, 금리와 달러화의 관계

주가와 달러화, 금리와 달러화 환율의 관계를 설명하기 전에 주가와 금리에 대한 설명이 먼저다. 금융에 녹아든 시간 개념부터 생각해보자. 금융의 신박한 기능 중 하나는 미래와 현재를 연결한 거래를 통해 자금을 미래로 가는 타임머신에 태우거나 당겨오는 것이다. 미래로 가는 타임머신에 태우는 것은 PART3 '환위험 관리의 전형,

'선물환'에서 설명하고 여기서는 당겨오는 관점에서 설명하겠다.

"시간은 돈이다"라는 말은 상투적이지만, 시간의 가치를 적나라하게 드러내는 표현이다. "시간과의 싸움", "시간이 약이다", "결국 기댈 것은 시간뿐" 등 시간의 중요성을 강조한 격언은 차고 넘친다. 다른 일을 제쳐두고 어떤 일에 시간을 투입할 때는 그만한 가치가 있기 때문이다. 흘러가면 다시 되돌릴 수 없는 이 시간도 중요하다.

시간에 객관적 가치를 매긴 것이 금리다. 이자율과 같은 표현이고 돈을 빌리거나 빌려줄 때 그 대가로 주고받는 것이 이자인데, 빌리는 원본 금액에 따라붙는 이자와 원금의 비율이 이자율이다.

주가는 **주식***의 가격을 의미한다. 기업이 발행한 주식을 사면 그 기업의 지분을 산 것이므로 그 지분만큼 주인으로서 권리를 얻는다. 주주(株主, stockholder, shareholder)라는 말은 주식의 주인이라는 뜻이다.

* 기업들의 주식이 거래되는 공개적이고 정형화된 주식시장이 있는 반면, 공개되지 않은 주식이 거래되는 시장도 있다. 전자에 해당하는 것이 한국의 코스피시장, 코스닥시장, 코넥스시장이고 이 시장에서 거래되는 주식들은 상장된 주식들이다. 후자는 비공개시장이고, 상장되지 않은 주식을 장외주식이라고 한다.

주식시장은 불확실성으로 가득 차 있다. 주가가 어디로 튈지는 아무도 모른다. 그래서 주식을 매매하는 시장참여자들은 주변 사람들의 행동이나 분위기에 크게 좌우된다. **이렇게 불확실한 상황에서는 주변의 유사한 사람들의 행동이 강력한 신호로 작동하고, 이를**

두고 사회심리학에서는 사회적 증거라 한다. 사회적 증거는 물리적 증거와 대비되는 개념으로, 가령 홍수가 났다면 물리적 증거이지만, 홍수가 나지 않았음에도 홍수가 곧 닥칠 것이라고 모두가 믿으면 사회적 증거가 된다. 만약 내 주변의 모두가 요즘 유망한 특정 주식을 사고 있다면 이것이 강력한 사회적 증거가 되어, 내가 그 주식을 살 때 아무 거리낌이 없어지고 마음이 편하다. 그 주식에 대해 아는 것이 별로 없어도 그렇다.

유행하는 SNS 등에서 흔히 접하는 실험 카메라 영상 중에 이런 것이 있다. 한적한 골목길을 가득 채울 정도로 꽤 많은 수의 사람들이 짐짓 무거운 표정을 하고 실험 대상자를 향해 일제히 빠른 걸음으로 다가온다. 그러면 실험 대상자는 일단 가던 길을 멈추고 영문도 모른 채 잠시 망설이다가, 얼떨결에 돌아서서 이들 무리가 가는 방향과 같은 방향으로 도망치듯 길을 재촉한다.

이것이 일반적인 개인들이 주식시장에서 하게 되는 행동이다. 대부분의 투자자는 영문도 모르고 시장의 흐름을 따라간다. 주도하는 세력은 극히 소수다. 하지만, 다수의 투자자는 투자 대상을 피상적으로만 알면서도, 군중에 속해 군중의 심리에서 안정을 찾으며 도박하듯 투자한다는 것을 인지하지 못한다. 다른 사람의 충고에도 귀를 닫기 쉬워서, 누군가 내가 투자한 주식에 부정적 언급을 하면 냉정하게 검증하려고 하기보다 반박하려는 충동에 사로잡힌다. 보고 싶은 것만 보고, 듣고 싶은 것만 듣는다. 사실(fact)을 선택적으로 받아들이는 이러한 현상은 종교적 성향이나 정치적 성향에서도 쉽게 관찰된다. **믿음이 강해지면 아무리 반대되는 증거가 나와도 현실을 부정한다.** 자신이 투자한 주식과 사랑에 빠진 주식 투자자도 흔히 이러한 함정에 빠진다.

주식시장의 주가와 채권시장의 금리 사이에 존재하는 공통점은 시간이 개입된다는 것이다. 금융의 요체는 시간을 매개로 자금을 융통하는 것이다. 주식의 가격, 즉 주가는 기업이 영위하는 사업에서 미래에 벌어들일 것으로 기대되는 현금흐름을 현재 시점의 가치로 평가한 것이다. 해당 기업 주식에 투자하는 행위는 기업의 미래 가능성에 투자하는 것이다. 특히 주식시장 흐름을 주도하는 대형 성장주들은 현재 사업의 가치보다 미래 사업의 가치로 각광 받는다.

채권은 미래에 갚겠다는 약속을 전제로, 약속을 지키지 못할 위험(신용 리스크)까지 금리에 반영하여 돈을 빌리기 위한 증서다. 즉, 주식이든 채권이든 미래에 받을 것으로 기대하는 현금을 토대로 현재 시점에 그에 상응하는 현금 거래가 이루어진다.

주식과 채권은 전 세계 도처에 널려 있다. 한국인이 해외 주식과 채권에 투자할 수도 있고 외국인이 한국 주식과 채권에 투자할 수도 있다. 자국 통화로 표시된 자국 주식, 채권에 투자하는 것이 아닌 이상, 해외 투자는 기본적으로 외환시장에서 환전 거래를 수반하게 되므로 환율에 영향을 미친다.

달러화는 한국인들에게 해외 투자의 매개체가 되고, 한국에 투자하려는 외국인들에게도 마찬가지다. 한국인이 미국 주식을 살 때, 미국에서 원화로 결제되는 것이 아니다. 달러화로 환전된 뒤 투자된다. 반대로, 국내 자산에 투자하려는 외국인은 달러화를 들고 와서 원화로 환전부터 한다.

한국 자산에 투자하려는 외국인이 많아지면 달러화를 팔고 원화를 사려는 세력들 덕에 달러화 가치가 하락한다. 특정 자산을 팔겠다는 사람이 많아지면 그 자산의 값어치가 떨어지기 마련이다. 반대로 한국 자산을 팔고 나가려는 세력들이 많아지면 원화를 팔고 달러화를 사려는 거래량이 늘어나면서 달러화 가치가 오른다. 즉, 달러·원 환율이 상승한다. 그래서 외국인들이 한국 주식이나 채권을 대거 매입할 때 달러·원 환율은 내려가기 쉽고, 반대로 한국 주식이나 채권을 대거 매도하면 달러·원 환율은 오르기 쉽다.

위에서 주가와 금리의 공통점은 시간이 개입되는 것이고 금융의 요체는 시간을 매개로 자금을 융통한다는 것이라고 설명했는데 환율이 결정되는 외환시장도 마찬가지다. 통화간의 교환이 당장 지금(①)에만 가능하다는 법은 없다. 자금 수요에 따라 나중에 교환하기로 지금 약속(②)할 수 있다. 또는 지금 통화를 교환한 뒤 일정 기간이 지난 시점(만기)에 그 반대로 교환(③)하여 정산할 수도 있다. ①은 현물환, ②는 선물환, ③은 외환스왑(또는 FX스왑)이라고 하는데 전세계 외환시장의 거래량 통계를 보면 ③의 거래량이 ① 거래량의 2배에 가깝다(② 거래량은 ① 거래량의 절반 정도 된다). 당장 통화를 교환하는 거래 수요보다 시차가 개입된 거래가 훨씬 더 많다는 얘기다. 외환시장 관련 종사자가 아니라면 ①, ②, ③ 용어를 전부 기억할 필요는 없지만 외환시장에서 시간을 매개로 한 거래가 더 많으니 주가, 금리, 환율 등 모든 금융 변수에 시간이 개입된다는 사실만은 기억하자. ①, ②, ③에 대해 더 알고 싶다면 PART3 '선물환, 통화스왑, FX스왑은 어떻게 다른가'를 확인하기 바란다.

나는 달러로 경제를 읽는다

3장

이제
달러화를 담아 볼까

강타자가 타격한 공이 중견수 머리를 넘길 기세로 날아간다. 글러브가 미치지 못했다. 2루타감이다.

"(중견수를 향해) 아니 스타트를 더 빨리 했어야지! 가제트 팔이라도 달든가."

축구 국가 대표팀이 상대팀에게 세트 플레이로 헤딩 선제골을 허용했다. 헤딩하는 공격수를 마크하지 못하고 놓쳤다.

"아니, 수비가 엉뚱한 데 몰려 있으면 어떡하나!"

흔한 광경이지만, 밖에서 보니까 쉬워 보이고 말로 하니까 쉬운 법이다. 아쉬움을 담은 탄성, 좋지 못한 결과에 대한 나무람, 관중 입장에서의 답답함이 묻어 있다. 하지만, 현장에서 뛰는 선수는 프로다.

그런데, 현장을 뛰는 선수보다 중계를 보며 다각도로 경기를 내려다보는 우리에게 야구 공의 궤적이, 공격수 개개인의 움직임이, 경기 전체의 흐름이 더 잘 보이는 것일 수도 있다. 현장의 선수는 한정된 각도에서 나무를 본다면 우리는 곳곳에 설치된 중계 카메라의 힘을 빌려 다각도로 숲을 본다.

좋은 자산을 찾는 것도 이와 같다. 그 자산 자체의 가치를 알아보는 것도 중요하지만, 그 자산이 내가 이미 가진 자산들과 궁합이 맞는지도 중요하기에 **전체를 보는 관점**에서 바라볼 필요가 있다.

어떤 것이 좋은 자산인가

좋은 자산의 진정한 가치는 숨어 있어야 제 맛이다. 누구나 알고 있다면 이미 그 자산의 가격은 구름 위에 떠 있을 것이다. 아무리 좋은 자산이라도 그 진정한 가치보다 훨씬 더 비싸면 투자할 가치가 없다. 저렴할 때 사야 성공한 투자다. 미국이 영토를 넓힌 역사도 이를 증명한다.

훌륭한 자산은 스스로 드러내지 않는다

한때 모든 길이 로마로 통했다면 우리 시대의 돈과 금융은 뉴욕으로 통한다. 미국인 조상들에게도 영락없는 자본가의 피가 흘렀나 보다. 인디언들을 잔인하게 정복하긴 했지만, 운이 좋아서 전쟁 없이 적은 돈으로 손쉽게 획득한 영토가 제법 크다.

1803년에는 프랑스에게서 현재 미국 본토의 1/3에 달하는 대륙 중심부의 루이지애나(현재 지명과 범위가 다름)를 매입했는데, 프랑스로서는 그 광활한 영토를 통째로 넘길 만한 역사적 사정이 있었기에 행운은 미국 편이었다. 1km^{2}당 7달러의 헐값에 사들였으니 이는 미국 역사상 가장 현명했던 구매 중 하나가 됐고, 하루 아침에 신생 미국 영토를 2배로 넓혔으며 서부 개척 시대의 물꼬를 텄다.

1867년에는 러시아가 유지하기에 버거워했던 알래스카를 720만 달러(1km^{2}당 약 4달러)에 매입했다. 당시 이 거래를 실행한 미국의 국무장관이 "720만 달러짜리 쓸모 없는 냉장고를 샀다"는 비아냥을 들어야 했지만, 한 세기가 지나자 세계에서 세 번째로 큰 유전이 발견되었다. 1973년 1차 석유파동 때 본격 개발이 시작되었고 아직 개발되지 않은 유전도 많다. 그야말로 현대판 젖과 꿀이 흐르는 땅이다.

광활한 영토, 천혜의 자원과 더불어 양 옆의 넓은 바다는 미국을

미국이 프랑스에게 사들인 당시의 루이지애나 지역 (색상 영역)

자료: 위키피디아(원 출처는 Natural Earth and Portland State University)

다른 강대국들의 위협에서 지켜 준 지리의 선물이다. 역사적으로 중국이 국경을 맞댄 다수의 주변국들을 관리하기 위해 공을 들여야 했던 것과 대조적이다.

　머리 좋은 사람이 노력하는 사람을 못 이기고, 노력하는 사람은 운 좋은 사람 못 이긴다고 했던가. 운까지 좋은 미국을 넘을 국가를 현재로서는 찾기 어렵다.

　세계적인 에너지 대란과 농산물, 식재료 공급난이 닥쳤던 2022년에도 미국은 축복받은 땅이 있었으니, 다른 나라들과 비교하면 사정이 한결 양호했다. 에너지 안보, 식량 안보가 화두인 시대에 미국은 에너지를 자급하는 수준을 넘어 순수출국이 된 데다, 곡물 등 식량도 순수출하는 자원 부국이다. 러시아를 향한 경제 제재로 러시아산 천연가스 수입을 줄여야 했던 유럽에게는 미국산 천연가스를 넘겨주겠다고 달래기도 했다.

미국 역사에서 볼 수 있듯, 훌륭한 자산은 처음부터 스스로 그 가치가 드러나지 않는다. 진정한 가치는 한동안 눈에 보이지 않거나 투자자 마음 속에만 존재한다. 만약 투자자 마음속에만 존재하고 기대했던 가치의 실체가 없는 것으로 드러난다면 해당 투자자는 낭패를 볼 것이다. 부풀려진 신화, 장미빛 전망에 혹하여 섣불리 좋은 자산을 찍지 않도록 신중을 기해야 한다.

위험 대비 수익 관점에서 본 좋은 자산

그렇다면 좋은 자산은 어때야 할까? 자산 가격이 장기간 상승하기만 하면 좋은 자산의 자격으로 충분할까?

물론 자산 가격이 지속적, 장기적으로 상승하면 좋을 것이다. 하지만, 시장 가격은 변화무쌍하기 때문에, 그 가격 변동폭이 너무 크면 곤란하다. 가격 변동폭이 너무 크면 상승할 때 크게 상승해서 좋겠지만 하락할 때도 크게 하락할 수 있다. 그리고 투자자들은 가격이 너무 크게 하락하면 그 자산에 매력을 잃고 손절을 고민하게 된다. 투자의 세계에서 확실한 것은 없기 때문이다. 아무리 대단해 보이는 자산도 한 순간에 사라질 수 있다. 예를 들어 19세기 영국의 최전성기에 영국의 금융을 지배했던 독보적인 은행은 어느 순간 사라졌다. 오버렌드거니(Overend, Gurney & Co) 또는 코너 하우스(Corner House)로 알려진 은행이었다.

오버렌드거니처럼 극단적 사례가 아니더라도 좋은 자산 역시 가격 하락기를 피할 수 없는데 낙폭이 생각보다 커지면 투자자는 그 자산에 대한 믿음을 잃게 되고, 결국 손실을 보더라도 더 하락하기 전에 팔까 고민한다.

가격 변동폭이 크다는 것은 고수익을 위해 고위험을 감수해야 한다는 것을 의미한다. 아무리 좋은 기업처럼 보여도 좋을 때 엄청난 이익을 내는 대신에 나쁠 때는 엄청난 손실을 낸다면, 그 엄청난 손실을 견디지 못하고 망할 수 있다.

그래서 좋은 자산의 자격이 반드시 고수익을 내야 하는 것은 아니다. 기대할 수 있는 수익이 크지 않더라도 위험 대비 수익이 상대적으로 훌륭하면 얼마든지 좋은 자산이라고 볼 수 있다. 하지만 위험에 둔감한 자산이더라도 기대할 수 있는 수익이 그 위험을 커버하기에 너무 작다면 그 또한 투자 대상으로서 매력적이지 않다. 그래서, 내 자산을 가장 안전한 자산으로만 100% 구성하는 것이 능사가 아니다. 결국 위험 대비 수익 관점에서도 좋은 자산의 자격을 따져봐야 한다.

다른 관점에서는 변동폭, 손실 위험뿐 아니라 그 방향성이 지속되는 기간도 문제가 될 수 있다. 내 자산을 100% 달러화 자산으로 대체한다고 걱정할 일이 없을까. 만약 5년 이상씩 지속된 과거의 달러화 약세기가 재현되면 그 기간을 버틸 수 있을까. 2002년부터 5년간 달러·원 환율은 줄기차게 내리기만 했다. 내리막을 걷는 기간이 짧다는 보장은 없다. 오르막 기간도 마찬가지다.

나무가 아닌 숲의 관점, 다른 자산과의 궁합

좋은 자산을 선택했다고 끝이 아니다. 내가 가진 다른 자산들과의 궁합을 봐야 한다. 사람의 마음은 갈대와 같아서 언젠가 강한 확신으로 투자한 자산이더라도, 중간중간 가격 움직임이 신통치 않을 때 매도 충동에 시달린다. 이때 그 손실을 상쇄해주는 다른 자산과의 궁합을 종합적으로 바라보는 눈이 있다면, 더 나아가 그러한 자산 조합을 보유하고 있다면 조바심에 섣불리 좋은 자산을 손절할 유인도 낮출 수 있다.

한국의 대형 우량주와 서울 금싸라기 땅에 아파트를 보유한 경우를 생각해보자. 장기 그래프를 그리면 코스피 지수와 강남 아파트 가격은 한배를 탄 듯 움직였다. 강남 아파트 가격의 변동성이 작았을

코스피와 강남 아파트 가격 추이

(2020. 1월 = 100)

— 강남 아파트 가격
— 코스피

자료: Bloomberg

뿐이다. 좋은 궁합이 되려면, 각 자산이 장기적으로 상승하면서도 다른 자산이 하락할 때 전체 자산의 안녕(安寧)을 보완해 주는 역할을 해야 한다. 하지만, 국가 고유의 위험이라는 것이 있기 때문에 자산 종류가 달라도 동일한 국가의 자산끼리는 서로의 위험을 보완해주는 효과가 미미할 수 있다. 즉, 함께 하락하거나 함께 상승할 수 있다. IMF 외환위기와 같은 상황, 그보다 더 심한 위기가 다시 오지 않는다는 보장은 없다. 투자의 세계에서는 모든 가능성을 고려해야 한다.

요약하면, 기억해야 할 내용은 이것이다. 자산 가격이라는 것이 장기적으로 상승하더라도 그 장기간을 정리하지 않고 버티려면 불시에 덮칠 가격 하락기에 어떻게 하느냐가 관건이다. 가격 하락기가 단기간에 끝날지는 지나고 나서야 보이는 것이고, 지난 뒤에는 그 결과가 당연했던 것처럼 보인다. 사후적으로 보면 마치 알고 있었던 것처럼 느껴지는 '사후 확신 편향(후견지명)'이라고 하는 심리적 함정이다. 가격 하락기를 버티려면 그 가격 하락을 반대로 커버해주는, 보완해주는 다른 자산을 함께 보유하고 있어야 한다. 단지 수익률이 좋은 자산만 또는 이른바 안전자산만 보유하는 것이 능사가 아니다.

안전자산의 속성도 알아야 한다. 안전하다는 것은 수익 기회도 작다는 것을 의미한다. 공짜 점심은 없는 법이다. 수익률을 높이려면 높은 위험을 감수해야 하듯이, 안전을 찾으면 그 대가로 낮은 수익률에 만족해야 한다. **따라서, 수익률을 높여줄 위험자산을 보유하면서 궁합이 맞는 안전자산을 함께 보유하는 것이 최선의 선택이 될 것이다.** 여기서 중요한 것은 개별 자산의 수익률만 보면 안 된다는 것이다. 서로의 궁합을 고려한 전체 자산의 관점에서 봐야 한다. 개별 자산은 때때로 얼마든지 험난한 국면을 거칠 수 있다. 한국 내 자산과 궁합이 맞는 안전자산으로 미 달러가 적합하다는 것은 이 책 전체를 관통하는 메시지다. 이를 PART2의 '달러화와 코스피', '전 세계 주식시장과 달러화' 챕터의 그래프가 보여준다. 과거 한국의 경제 위기 때마다 달러화는 상승했음을 기억하자.

이제 안전자산에는 어떤 것들이 있는지 보자.

대표적 안전자산들

안전자산의 개념은 상대적이다. 금융시장에서 인정하는 안전자산이라고 해도 손실의 위험이 없는 것이 아니다. 대표적 안전자산으로 간주되는 달러화도 가격이 하락할 때가 당연히 있다.

달러화

한국의 원화와 비교하면 달러화가 안전자산이다. 한국의 국채와 미국채를 비교하면 미국채가 안전자산이지만, 한국의 국채도 개별 회사채나 주식에 비교하면 안전자산이다. 금융시장에서 안전자산으로 일컫는 자산들은 주식 같은 위험자산들의 가격이 하락할 때, 경험상 반대로 가격이 상승하는 자산들이다. 미국 달러화는 위험자산들의 가격이 하락할 때 오르는 경우가 많기 때문에 안전자산으로 간주된다. 물론, 현실에 완벽한 안전자산은 없어서, 위험자산들의 가격이 하락할 때 달러화 가격도 함께 하락하는 일이 생길 수 있다.

위험자산들의 가격이 하락할 때 달러화가 오르는 현상은 앞선 PART1의 2장 중 '환율이 올라서 걱정이라는 말에 담긴 의미'에서 설명한 바 있으므로 추가적인 설명은 생략하지만, 달러화가 강해지면 한마디로 골치 아파진다는 것만 기억하자. 그리고 안전자산 중에는 일본 엔화도 있다.

엔화

자연에는 일정한 패턴이 존재한다. 그리고 우리에게는 자연에 존재하는 패턴을 발견하고 응용할 수 있는 사고력이 있다. 혼란스럽고 복잡한 세상이지만, 그 가운데 질서를 찾으면 우리는 쉽게 수긍한다. 그리고 그 사고력을 금융시장에도 발휘하여 일정한 패턴을 찾곤 한다.

금융시장을 이해함에 있어 패턴을 인식하는 것이 도움이 되는 것은 사실이지만, 금융시장에서 일정한 질서를 찾았다고 하더라도 미래를 예측하는 것은 만만치 않다. 예기치 못한 새로운 변수들이 불쑥 튀어나오곤 한다.

시간의 흐름도 많은 것을 바꾼다. 한때 존재하던 일정한 패턴이 언젠가부터는 맞지 않거나 아예 패턴 자체가 바뀌기도 한다. 존재하지 않는 패턴을 있는 것으로 우리가 착각하기도 한다.

때로 변하는 패턴

우리가 인식하는 패턴들, 역사의 패턴, 시장의 패턴은 언제든지 변할 수 있다. 예를 들면, 흔히 안전자산이라고 불리는 일본 엔화도 안전자산이라는 타이틀이 무색하게 무기력한 모습을 보일 때가 있다. 즉, 안전자산이면 주가 등 위험자산 가격이 하락할 때 가격이 상승할 텐데, 엔화가 안전자산으로서의 기능을 못하는 경우는 어떤 상황일까.

사실 **엔화가 안전자산처럼 보이는 원리**는 일본 금리와 해외 금리의 격차에 관련된다. 해외 금리를 미국채 금리로 간주하면, 보통 글로벌 주가가 하락할 때 안전자산인 미국채에 수요가 몰리면서 미국채 가격이 상승하고 미국채 금리는 하락한다. 이렇게 미국채 금리가 하락하는 상황에는 내외 금리 차에 민감한 엔화를 사게 되는 외환시장의 전형적인 거래 패턴(캐리 트레이드. PART2의 '달러화와 금리' 챕터에 부연 설명했다)이 작동하여 엔화가 강세를 보이곤 했기에 안전자산으로 평가받는다.

그러나, **2022년에는 무려 40년만의 높은 인플레이션이 국제금융시장을 움직이는 새로운 동력이 되었고**, 이 익숙하지 않은 환경은 기존에 미국채를 줄기차게 사들이던 큰 손들(은행들, 외국 정부 등)이 일제히 물러나게 만들면서 기존의 패턴을 무너뜨렸다. 즉, 상대적 위험자산인 주식 가격과 상대적 안전자산인 채권 가격이 서로 반대로 움직이던 익숙한 패턴이 아니라, 주가가 하락할 때 채권 가격도 내리는(금리는 상승) 현상이 흔하게 펼쳐졌다. 그런데 유독 일본중앙은행(BOJ, Bank of Japan)만 기존의 초저금리 통화정책을 고수하며 일본 국채 가격을 방어하면서 일본 국채 금리는 오르지 못하자, 일본의 내외 금리 차가 확대되며 엔화 약세가 유난히 두드러졌던 것이다.

하지만 상황은 얼마든지 바뀔 수 있다. 일본 엔화가 다시 안전자산처럼 움직이는 것이 가능하다는 얘기다. 인플레이션에 대한 금융시장의 민감도가 다시 감소하고 미국채 금리가 내리거나 일본중앙은행(BOJ)이 통화정책에 의미 있는 변화를 주면 엔화가 안전자산과 같은 움직임을 다시 재현할 가능성은 얼마든지 있다.

결론적으로 엔화는 주가 등 위험자산 가격이 하락할 때 상승하는 안전자산의 특징과 대내외 금리 차에 민감한 특징 중 후자의 특징이 우선한다. 따라서 **일본 입장에서 대내외 금리 차가 확대되는 시기에 글로벌 주가가 하락하는 경우에는 엔화의 안전자산 특성이 나타나지 않는다.** 특히 전 세계 금리를 주도하는 미국 금리와의 차이가 관건이다.

한편, 통화정책 측면에서 일본 중앙은행의 결정이 외환시장과 환율에도 중요한 영향을 미치는데, 그들이 시장과 소통하는 스타일은 미국과 대조적이다.

시치미 떼는 것이 특기인 중앙은행, BOJ

정책 서프라이즈(surprise)가 없으면 BOJ가 아니다. BOJ는 정책 효과를 얻는 데 도움이 된다면 사전 시그널 없이 시장을 기습하는 데 거리낌이 없다. 시장과 소통해서 좋을 것 없다는 생각인데, 시장이 먼저 움직이면 BOJ가 원하는 결과를 얻기 어렵다는 취지다. 정책 결정 전에 시장에 충분히 시그널을 보내는 미국 연준과 뚜렷하게 대비된다.

2023년 4월, BOJ 총재가 10년 집권한 구로다 총재에서 우에다 총재로 달라졌지만 이러한 기조에는 본질적으로 변함이 없다. 우에다 총재 역시 공개석상에서 정책 서프라이즈는 불가피한 측면이 있음을 인정했고, BOJ에서 외길만 걸어 잔뼈가 굵은 우치다 부총재도 취임 초기 의회에서 정책 변화 가능성을 사전에 전달해서는 안 된다는 생각을 드러냈다.

대표적 안전자산에는 골드(gold)도 있는데, 골드는 PART2에서 후술하겠다.

Part 2

투자자를 위한
달러화 특강

1장

경제를
이해하는 관점

금리가 상승하면 가계와 기업의 차입 비용을 높이고, 유가가 상승하면 기업의 원가를 높인다. 그럼 달러화가 상승하면 어떻게 될까?

기업의 매출액을 감소시킨다. 동의할 수 있는가. 과연 그런지 한 번 짚어보자.

일반적으로는 **달러화 가격이 올라야 좋을까, 내려야 좋을까?** PART1에서는 과유불급이라고 이야기했다. 여기서는 PART1에서 다룬 것과는 포인트가 다르다. 과유불급을 전제로 하고 달러 강세가 좋은지, 약세가 좋은지가 쟁점이다.

먼저, 달러화를 가진 한국의 경제 주체 입장에서 보자. 수출 기업의 경영자 입장에서는 1달러짜리 제품을 팔더라도 환율이 오르면 가령 1,000원 받던 것을 1,200원 받을 수 있다. 또, 미국 주식을 보유한 한국 투자자 입장에서도 환율이 오르면 그 주식을 팔았을 때 원화로 더 많은 돈을 받을 수 있을 것처럼 보인다. 두 케이스 모두 얼핏 생각하면 환율이 오르면 좋을 것 같다. 하지만 과연 그럴까?

반면, 달러화를 사야 하는 사람들의 입장은 다르다. 미국 하와이 여행을 가기 위해 달러화를 사려는 사람은 환율이 오르지 않기를 바랄 것이다. 1,000원이던 환율이 1,200원이 되면 $1,000를 마련할 때 100만원이 아니라 120만원이 필요하다. 유학생 자녀에게 송금을 하는 사람도 환율이 내려야 부담을 덜 수 있다. 원자재를 해외에서 수입하는 기업 입장에서는 환율이 내려야 좋을 것 같다.

그런데 달러화를 사야 하는 사람들과는 달리, 달러화를 가진 입장에서는 환율이 오른다고 마냥 좋을 수 없다. 따져봐야 할 것들이 있다. 그 답을 찾아가는 과정을 밟아보자.

미 달러는 왜 전 세계의 돈줄인가

'전방위'. 달러화의 쓰임새를 표현하기에 가장 적합한 단어다. 가능한 모든 영역에서 가장 많이 쓰이는 것이 미국 달러화다. 국제 무역에서 압도적으로 많이 사용되고, 바로 그 때문에 무역과 연계된 차입 통화로 쉽게 전환된다. 왜냐하면 기업이 제품을 수출하고 나면 제품을 수입한 외국 기업이 수출 대금을 지급하기 전에, 수출한 기업이 은행으로부터 미리 수출 대금에 상응한 대금을 당겨 받고 은행이 사후적으로 그 수출 대금을 받는 경우가 흔하다. 은행이 수출 기업에 미리 자금을 주고 사후적으로 그 수출 대금을 받게 되는 기간은 대체로 짧지만, 그 기간에는 은행이 수출 기업에 내준 자금이 대출금의 성격을 지닌다. 그리고 한국은 물론 전 세계적으로 무역 거래시 달러화 결제 비율이 압도적으로 높기 때문에, 당연히 그 대출 통화도 자연스럽게 달러화가 된다.

또, 전 세계 중앙은행들이 비상금으로 보유하는 외환보유고에서도 달러화 비중이 60%를 넘나든다. 1990년 무렵보다 훨씬 높다. 하지만 70%가 넘었던 20여년 전에 비하면 꽤 감소했다. 그렇다고 해서 2위인 유로화나 중국 위안화 비중이 20여 년간 달러화의 감소한 자리를 차지하며 위협한 것도 아니다. 달러화가 줄어든 자리는 유로화 같은 다른 유력 통화가 아니라 다른 다수의 통화로 저변이 조금 더 넓어졌고, 여기에는 한국의 원화도 일부 포함된다.

자본시장은 물론, 국경간 금융 거래도 달러화가 장악하고 있다. 전 세계 국가들이 해외에서 발행하는 채권에서 달러화 채권 비중은 글로벌 금융위기의 한복판이었던 2008년 한 해를 제외하면 60%를 꾸준히 넘는다. 나머지의 절반 이상을 유로화가 차지하니 다른 통화들의 비중은 보잘것없다. 한국의 기업이나 기관이 해외 채권을 발행해도 달러화가 대다수를 차지한다. 즉, 해외에서 채권 발행으로 자금을 조달해도 달러화가 우선이다.

따라서, 달러화는 자금 조달시장에서도 압도적으로 많이 활용되는 통화다. 그런데, 빌려 쓴 통화의 가치가 상승하면 골치가 아파진다. 한국의 기업이 달러화 채권을 발행했다고 생각해보자. 달러화가 저렴한 시기에 $100를 환율 1,000원에 빌렸다. 그런데 아뿔싸. 달러화 가치가 상승해서 상환 기일에 환율이 무려 1,500원이 됐다. 갚으려고 보니 채권 $100를 상환하려면 달러화당 1,500원이 필요해졌다. 당장 다른 비용을 줄이고 긴축 경영에 돌입해 허리띠 졸라매야 한다.

기업들은 차입금 만기일이 되면 새로 차입해서 앞선 차입금을 갚는 경우가 많다. 이를 두고, 차환이라고 한다. 만약 위 사례에서 $100 채권을 새로 발행해서 앞선 차입금을 갚는다고 하자. 하지만, 제반 여건은 기존에 채권을 발행했던 당시와 다르다. 달러화 가치가 상승한 상황은 미국 금리가 높아지면서 벌어진 상황일 수 있다. 이때, 새로 발행하는 채권 금리는 높아질 것이다. 이렇게, 달러화 가치가 상승하는 상황에는 달러화 부채에 노출된 많은 경제 주체들이 리스크에 노출되므로 대출 기관들의 신용 평가도 팍팍해지기 쉽다. 즉, 단지 시장 금리만 높아지는 것이 아니라 신용도에 따라 부과되

나는 달러로 경제를 읽는다

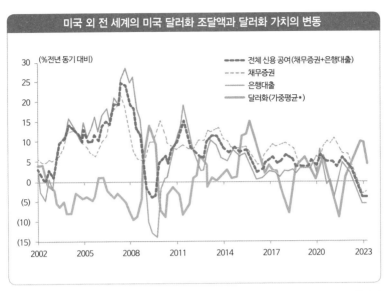

미국 외 전 세계의 미국 달러화 조달액과 달러화 가치의 변동

(%전년 동기 대비)

- **●●●● 전체 신용 공여(채무증권+은행대출)**
- **------ 채무증권**
- **—— 은행대출**
- **—— 달러화(가중평균*)**

* 달러화 가중평균은 NEER(Nominal Effective Exchange Rate)이며, 미국의 무역상대국 통화에 대한 달러화의 가중평균 가치다. 무역 비중으로 가중평균한다.

자료: BIS(국제결제은행), Refinitiv

는 가산금리까지 오르기 쉽다.

위의 그래프는 이러한 경향을 데이터로 보여준다. 미국 외 전 세계 국가 경제 주체들(은행 제외)의 달러화 조달액과 달러화의 가중평균 가치를 연간 변화율로 비교했다. 달러화 조달액은 자본시장에서 달러 채권을 발행하는 방법과 은행에서 달러 대출을 받는 방법이 있어 각각 표시했고, 그 합계를 따로 굵게 나타냈다. 큰 흐름상 달러화 가치 변화와 자금 조달 여건은 반비례, 역행하는 것이 보인다. 즉, 달러화가 강세일 때 달러를 빌리기 어려워지고, 달러화가 약세면 빌리기 수월해진다.

결국 달러화 가치가 상승하면 전 세계의 돈줄을 조이는 듯한 상황이 벌어진다. 돈줄을 조이면 경제적 스트레스가 커지면서 경제 주체들의 주머니 사정은 열악해지고 금융시장 참가자들의 경제심리가 위축되기 쉽다. 즉, 주가 등 위험자산 가격이 하락하고 안전자산 가격은 상승하기 쉽다.

달러화와 유가의 관계

원유(정제하지 않은 석유) 가격, 줄여서 유가가 오르면 우리나라는 물가가 오르고 무역수지 적자가 늘어나는 이중고를 겪는 것처럼 보인다. 현대 사회에서 석유의 쓰임새가 워낙 넓어서 원유 값이 오르면 경제 주체들의 비용 부담이 커지는 것은 사실이다.

석유가 검은 황금이라 불리는 이유는 자연 상태는 물론, 그 정제 과정에서의 부산물까지 광범위한 산업 분야에 투입되고 소비되고 있기 때문이다. 석유에서 파생된 제품은 PVC 비닐, 플라스틱 등을 포함해 생각보다 광범위하다. 그래서 석유가 현대인의 삶을 지배한다고 해도 지나친 말이 아니다.

석유는 자동차나 비행기, 배 등 수송용 연료는 물론이고 전력 생산에도 쓰인다. 국내에서 석유가 가장 많이 소비되는 용도는 산업용 수요다. 한국은 경제 규모에 걸맞게 전 세계 석유 수입량과 석유 소비량 부문에서 세계 10위 안에 든다.

유가가 상승하면 같은 물량을 수입해도 원유 수입금액 자체는 증가한다. 수출에서 수입을 차감하면 순수출이고, 순수출은 GDP에 포함된다. 따라서, 유가 상승은 순수출의 감소로 성장률을 잠식한다.

하지만, 어디까지나 이론상 그렇다. 여기까지 설명에는 전제가 따른다. 원유 가격 변동과 무관하게 수출은 고정된 것으로 가정한다. 실제는 사뭇 다르다.

한국 수출과 유가의 관계

한국의 수출은 원유 가격 변동과 무관하기는커녕 일반적으로는 상승 작용을 한다. 산유국들의 카르텔인 석유수출국기구(OPEC)가 유가를 띄우기 위해 담합하여 생산량을 감소시키는 개입으로 유가를 왜곡시키기도 하지만, 원유 가격 상승기에는 대체로 전 세계의 원유 수요가 증가하면서 유가를 끌어올린다. 그런데, 여기서 주목할 것은 **전 세계의 원유 수요가 증가**하는 시기에는 제조업이 활력을 띠며 전 세계적으로 생산 활동이 증가한다는 점이다. 따라서, 한국의 수출 제품에 대한 해외의 수요도 증가하는 시기다. 이를 증명하는

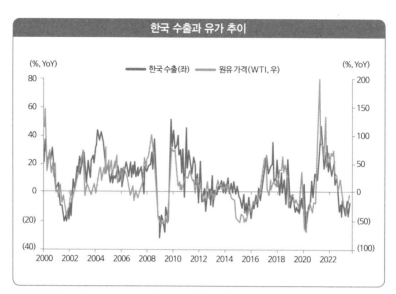

한국 수출과 유가 추이

(%, YoY) ━ 한국 수출(좌) ━ 원유 가격(WTI, 우) (%, YoY)

자료: Refinitiv

것이 위의 그래프다(서비스업보다 제조업이 전 세계 수요, 전 세계 경기에 특히 민감하다. 한국은 제조업 강국이다).

1년 전 가격과 비교한 연간 변동률 기준으로 원유 가격이 상승할 때 한국 수출도 증가하고, 원유 가격이 하락할 때 한국 수출도 감소한다. 석유가 현대적 산업 거의 모든 단계에서 광범위하게 사용되는 만큼 원유 가격 변화는 전 세계 경기, 전 세계 제조업의 여건을 나타내는 온도계 또는 바로미터(barometer)이기도 하다.

한국의 수출 지표도 마찬가지다. 한국의 수출 지표는 한국 기업과 정부, 한국의 가계에만 중요한 것이 아니다. 세계 곳곳의 금융시장에 투자하는 전 세계 투자자들에게도 세계 경제, 무역의 온도를 보여주는 대표적 경제 지표로 간주된다.

따라서 원유 가격이 상승한다고 한국 경제에 반드시 부정적일 것이라 생각하면 오산이다. 물론, 앞서 언급했듯 원유 수요가 아니라 원유 공급 문제 때문에 유가가 상승한 경우는 한국 경제에 부정적이다.

원유 가격이 상승할 때 오히려 한국 수출이 감소한 대표적 사례는 러시아가 우크라이나를 침공해서 원유 가격이 급등했던 시기다. 전쟁의 충격으로 전 세계 원유 시장의 공급에 차질이 생길 것이라는 우려가 원유 가격 상승을 이끌었고 결국 전 세계 경제에 부정적 충격이 가해져 한국 수출이 감소했다. 즉, 원유 수요 증가는 없이 원유 공급 감소 때문에 원유 가격이 상승할 때는 한국 수출, 물가, 무역 수지 모두에 부정적이다. 하지만 원유 공급 문제에 의한 원유 가격 상승분을 정확히 발라낼 수 없으며, 대개는 원유 공급보다 수요가 원유 가격에 더 중요하다.

미 달러와 유가의 관계

본론으로 돌아오면, 원유는 달러화로 가격을 표시하고 달러화로 거래된다. 따라서, 달러화로 표시되는 원유 가격이 어제와 같더라도 달러화 가치가 어제보다 오르면 원유를 수입하는 한국 기업을 비롯한 전 세계 수요자들은 원유를 수입하기 위해 더 많은 자금이 필요하다. 즉, 더 많은 자국 통화가 필요하다. 그래서, 달러화가 오르면 원유 매입 가격이 실질적으로 상승(부담할 자국 통화 지급액 증가)하면서 원유 수요가 줄어든다.

예를 들어, 원유 가격이 1배럴당 $50, 달러화 환율이 1,000원이었다고 가정하자. 달러화가 하루 사이에 1,200원으로 상승했다. 그럼 원유 매입 가격은 1배럴당 5만원에서 6만원이 된다. 필요한 물량은 그대로인데, 더 많은 자금이 필요하다. 허리띠 졸라매야 하는 상황이다. 그 결과 원유를 사겠다는 기업들이 계획보다 매입량을 줄인다. 수요가 줄어드니 원유 가격은 하락하여 배럴당 $40이 된다($40은 임의로 가정한 것). 따라서, 달러화 가치(달러·원 환율)가 오르면 원유 가격은 내린다.

반대로 달러화 가치가 내릴 때는 이 로직이 반대로 작동한다. 동일한 원유량 수입에 더 적은 자국 통화가 필요하므로 원유를 더 매입할 수 있는 여력이 생긴다. 원유 매입량, 원유 수요가 늘어나니 원유 가격은 상승한다.

그런데 여기에도 예외적 상황이 발생할 수 있다. 역시 사례는 2022년 러시아가 우크라이나를 침공한 이후다. 달러화 가치가 상승하면 (달러화로 거래되는) 원유 등 에너지 가격이 하락하는 것이 일반적이지만, 에너지 시장의 수급 충격 영향이 더 컸다. 러시아의 원유와 천연가스 등 수출이 미국과 유럽의 제재로 차질을 빚을 것이라는 우려, 즉 공급이 줄어들 것이라는 우려가 유가를 떠받쳤다. 달러화가 상승함에도 불구하고 유가 등 에너지 가격까지 오르면서 한국과 같은 원자재 수입국의 부담은 이중으로 배가될 수밖에 없었다.

달러화와 한국 수출의 관계

환율이 오를 때, 달러화 가치가 상승할 때 수출 대기업만 좋겠구나 넘겨짚을 수 있다. 미국 달러화로 수령한 수출 대금을 원화로 환전하면, 당연히 원화 금액은 환율 상승분만큼 커지는 것이 맞다. 하지만, 현실이 그렇게 단순하지 않다.

한 기업이 내수 판매 없이 모든 제품을 수출한다고 가정해보자. 그럼, 이 기업의 매출액은 제품 단위 가격(이하, 단가)에 판매 수량을 곱하고 환율까지 곱해야 한다. 그런데, **달러·원 환율이 오를 때 제품 단가와 판매 수량이 변하지 않고 고정되어 있을까?** 그렇지 않다. 달러화가 강세이면 세계 경제가 순탄하기보다 어려움에 처하기 쉽다. 따라서 수출 기업 제품에 대한 수요가 위축되어 제품 단가 자체가 크게 하락하기 쉽고, 판매 수량도 줄어들기 쉽다. 만약 고급의 프리미엄급 제품에 강점이 있는 회사라면 수요가 더 크게 위축될 수도 있다.

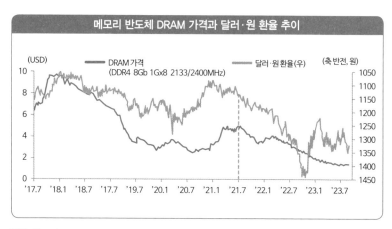

자료: Bloomberg

   그렇다면 환율 상승폭이 큰지, 제품 단가 하락폭이나 판매 수량 감소폭이 큰지 따져봐야 한다. **대개는 환율 상승폭보다 제품 단가 하락폭이나 판매 수량 감소폭이 훨씬 더 크다.** 특히, 한국이 시장을 선도하는 메모리 반도체 시장에서는 이러한 현상이 뚜렷하다.

   위의 그림에서 점선을 표시한 2021년 7월 초 이후 2023년 8월 말까지 달러·원 환율의 상승폭과 DRAM(메모리 반도체의 일종) 가격의 하락폭 비율은 격차가 현저하다. 환율은 17% 상승한 반면, 해당 DRAM의 가격 하락폭은 무려 70%를 넘어서 대략 4배다. 여기에는 판매 수량 감소는 보이지 않았으니 판매 수량 감소까지 감안하면, 환율 상승만 보고 수출 기업에 유리하다고 얘기하는 것은 숲을 보지 않고 나무만 보는 전형적인 사례다. 바로 환율이 상승하는, 달러

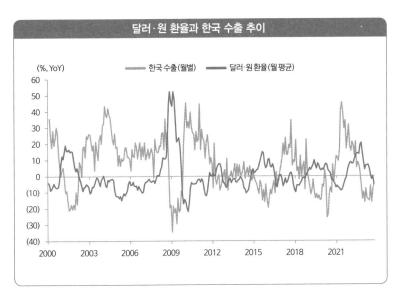

자료: Refinitiv

화 강세를 만들어낸 경제 환경 때문에 제품 단가나 판매 수량이 감소하게 되므로 환율 상승만 보고 수출 기업의 사업 환경을 오판하지 않도록 유의해야 한다. **달러 강세, 환율이 상승하면 수출 기업도 어려운 처지에 놓이기 쉽다.**

한편, 위에서 수출 기업의 매출액을 제품 단가와 판매 수량에 환율을 곱한 것으로 설명했는데, 제품 단가에 판매 수량만 곱한 것이 위 그래프에서 한국 수출에 해당한다. 위에서 설명한 대로, 환율이 상승할 때는 한국 수출이 감소하는 경향이 있고, 반대로 환율이 하락할 때는 한국 수출이 증가하는 경향이 있음을 볼 수 있다. 그리고 글로벌 금융위기 때를 제외하면 환율 변동폭보다 수출 변동폭이 훨씬 큰 것을 볼 수 있다.

달러 움직임은 현상인가 문제의 근원인가

아래 두 문장 중 무엇이 더 알맞은 표현일까?

① 달러·원 환율이 **상승하면** 대체로 코스피는 하락한다.

② 달러·원 환율이 **상승할 때** 대체로 코스피는 하락한다.

우리에게는 어떤 현상을 스토리로 짜맞추려는 본능이 있어서, 인과관계로 읽히는 ①이 보다 적합한 표현으로 보이기 쉽다. 먼저 심리학적으로 접근해보자.

사회심리학적 시각에서 보면 우리가 주목하는 대상이 원인처럼 보이기 쉽다. 초점의 대상이 원인처럼 보이는 현상이다. 인지적 특성상, 우리가 주목하는 대상이 어떤 결과의 원인으로 보이기 쉽다는 얘기다. 어떤 조직의 리더가 그 조직의 명운을 가른 것처럼 보이는 원리(The romance of leadership)도 이와 같다. 우리가 달러를 중심으로 시장을 볼 때도 이러한 현상이 나타날 수 있다.

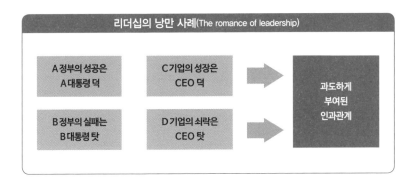

달러화가 하락할 때 전 세계 주식시장은 상승하는 경우가 많지만 이 패턴이 달러화 하락 때문이라고 단정짓는 것은 곤란하다. 단지, 거시 경제 여건의 변화가 한데 어우러져 자본의 흐름을 만드는 경우가 많다. 저평가된 자산(예를 들면, 특정 시점의 한국 주식)을 사들이는 그 자본의 방향이 글로벌 외환시장에서 기존에 과도하게 매수되어 있던 달러화를 매도하게 되어 달러화는 하락하고 저평가된 자산의 가격은 상승하는 것일 수 있다. 달러화의 하락이 원인이 되어 주식이 상승한 것이 아니라, 자본의 흐름이 원인으로 작용하여 달러화는 하락하고 주식은 상승한 것일 수 있다는 얘기다. 그리고 저평가된 자산을 사게 되는 행위의 배경은 해당 자산의 전망 개선이 바탕일 수 있다. 하지만 때로 특별한 이유 없이 달러화가 하락하면, 시장 참가자들이 달러 가격의 하락 사실 자체를 신호로 읽고 위험 자산을 매수하는 결과를 낳고 위험 자산 가격이 상승할 수도 있다. 즉, 거시

경제 환경 때문에 달러화가 하락하고 주식시장이 상승하는 움직임이 동반될 수 있고 그 직접적 배경이 달러화일 수도 있고 아닐 수도 있다.

달러화가 상승할 때도 마찬가지다. 어떤 부정적인 사건이나 미국의 금리 인상 같은 변수가 달러화 상승과 다른 현상들을 만들어낼 수 있다. 때로 어떤 이들은 달러화 때문에 그러한 현상이 일어난다고 달러화로 화살을 돌리기도 한다. 물론, 간혹 달러화의 급격한 움직임이 나타날 때 딱히 그 배경이 설명되지 않는 때는 영문을 모르는 일부 시장 참가자들이 달러화 움직임을 보고 시장을 판단해서 결과적으로 달러화의 움직임이 주가나 금리 등에 파장을 낳는 경우도 있다.

일반화해서 얘기하자면 달러화 움직임이 커져서 주목도가 높아진 상황이거나 업무적으로 또는 투자 때문에 우리 시선이 달러화에 머물러 있는 상황에서는, 또는 이 책을 읽는 독자 역시 외환시장과 환율에 주목하고 있을 가능성이 높기 때문에 어떤 금융시장 현상의 배경으로 달러화에 과도한 의미를 부여하기 쉽다.

즉, 달러화 움직임 역시 하나의 현상에 불과할 수 있음에도, 현상이 아닌 원인으로 착각하기 쉽다는 얘기다.

결론적으로 처음 질문에서 보다 적합한 표현은 ②인 경우가 많을 것이다.

— 2장 —
금융시장을
바라보는 관점

통화 가치에 영향을 미치는 변수는 한두 가지가 아니다. 그래서 한두 가지 변수만 보고 환율 움직임을 이해하기는 어렵다. 견인차도 수시로 바뀐다. 달러화, 달러·원 환율도 그렇다.

하지만 달러화의 움직임에서 한 축을 담당하는 각각의 변수를 점검하지 않고는 달러화 움직임을 이해하기 힘들다. 하나하나 짚어 보자.

달러화와 금리

미국 금리가 상승하면 달러화 가치가 상대적으로 상승하고, 한국

미-일 간 금리 차와 달러·엔 환율

(%p) ── 미-일 금리차(10Y, 좌) (엔)
── 달러·엔 환율(우)

미-한 간 금리 차와 달러·원 환율

(%p) ── 미-한 금리차(10Y, 좌) (원)
── 달러·원 환율(우)

자료: Bloomberg

금리가 상승하면 한국 원화 가치가 상승한다. 간단한 이치다. 이 관계가 뚜렷하면 미국 금리에서 한국 금리를 뺀 미-한 금리 차가 달러·원 환율과 상관관계가 높아야 하지만, 역사적으로 상관성이 그리 높지는 않다. 특히, 미국-일본 간 금리 차와 달러·엔 환율의 상관성과 비교하면 차이가 두드러진다.

그래프에서 보듯, 현실에서 달러·원 환율은 미-한 금리 차 영향도 있지만 그것만으로는 움직임을 설명하기 부족하다. 외국인 투자자가 금리 하나만 보고 한국에 투자하는 것은 아님을 의미하고, 금리 차를 이용해 수익을 내려 할 때 뭔가 제약이 있다는 의미다.

위에서는 두 국가의 국채 금리 차와 환율을 비교했지만, 기준금

자료: Refinitiv

리 격차와 환율을 비교해 볼 수도 있다. 결과는 크게 다르지 않다.

그렇다면 이 차이는 왜 생기는 걸까. 일본 엔화는 무엇이 다른 걸까, 왜 원화보다 금리 차에 더 민감한 것일까.

엔화와 원화의 결정적 차이는 엔화는 국제 통화라서 거래가 자유롭다는 점이다. 원화는 전 세계 투자자의 관점에서 제약이 많은 통화다. 2023년 현재 적어도 금융시장에서만큼은 한국을 신흥국으로 보는 시선이 많은 이유가 원화 거래의 제약성 때문이다. 개인들은 체감하기 어렵지만 원화는 국제적으로 거래에 제약이 많아서, 한국 정책 당국이 국격에 맞게 원화의 위상을 높이려 노력 중이다. "외환시장 선진화"를 기치로 내걸고 의욕적으로 정책을 추진하고 있다.

국제적인 자본의 이동은 국가 간 금리 차가 강력한 동인으로 작용한다. 그래서 금리 차를 이용해서 수익을 내려는 거래가 많다. 금리 차를 이용해 수익을 내려는 이러한 거래를 캐리 트레이드(carry trade)라고 하는데, 이러한 목적의 거래가 외환시장 거래량의 상당히 많은 부분을 차지한다. 캐리 트레이드에 활용되는 두 개의 통화 중 하나는 투자 대상인 고금리 통화이며 다른 하나를 조달 통화(funding currency)라고 한다. 조달 통화로 적합한 통화는 유동성이 좋고 금리가 낮으며 통화가치가 안정적이거나 하락하는 통화다. 거래에 제약이 없고 유동성까지 좋은 선진국 통화들인 달러화, 유로화, 엔화가 조달 통화로서 많이 활용되는데, 그중에 엔화가 오랜 기간 저금리 통화로 자리매김했기 때문에 조달 통화로서 가장 흔히 이용되는 통화다. 금리 차에 민감한 엔화의 특성은 여기에 기인한다. 일본의 대내외 금리 차가 확대(축소)되면 엔화 가치가 하락(상승)하는 것이 전형적인 현상이다.

미국-한국 금리 격차와 달러·원 환율의 관계가 그다지 밀접하지 않아도, 민감도의 문제일 뿐 내외 금리 차가 환율과 무관하다고 할 수 없다. 특히, 2022~2023년에 달러화 가치가 전 세계 거의 모든 통화를 상대로 상승한 시기에는 미국 금리의 역할을 무시할 수 없었다. 그리고, 미국의 금리가 상승하고 미국이 기준금리를 올리는 과정에 가장 핵심적 역할을 한 것은 인플레이션이었다. 달러화와 인플레이션의 관계를 이어서 설명해보겠다.

달러화와 인플레이션

인플레이션을 금리와 떼 놓고 생각할 수 없다. 인플레이션의 변화는 금리에도 같은 방향으로 압력을 가한다. 인플레이션이 높으면 미국 연준이 기준금리를 높여 인플레이션을 억제하려 하고, 인플레이션이 너무 낮으면 기준금리를 내려 대응하기 때문이다. 향후 인플레이션에 대한 경제 주체들과 시장 참가자들의 기대는 중장기 금리에까지 영향을 미친다.

이러한 맥락에서 2023년에 있었던 상징적 사건을 해석해 보자.

2023년 9월 15일, 미국 자동차 노조(United Auto Workers, UAW)가 파업에 돌입했다. 자동차 3사(GM, Ford, Stellantis)의 동시 파업은 노조 88년 역사상 처음이었다. 자동차 3사가 4년간 20% 임금 인상을 제안했는데 노조는 40% 인상을 요구했으니 무리한 요구라는 생각이 들 수 있지만, 당시 갤럽의 여론 조사에 의하면 미국인들의 75%가 이들 노조를 지지하는 입장이었다.

자동차 노조는 한국이나 미국이나 파업이 흔하구나 생각할 수 있다. 그런데, 그 정도에서 가볍게 넘길 일이 아니다. 단편적으로 생각하면, 장기간 파업은 당연히 미국 경제의 성장률을 갉아먹고 자동차 공급량 감소로 인플레이션도 높인다. 하지만 파업을 단기간에 봉합할 수 있다면 아무 일 없던 것처럼 다시 미국 경제는 잘 돌아갈까. 파업이 전 세계 경제에 시사하는 바는 없을까.

탈 세계화가 의미하는 것

우리는 지금 어떤 시대를 살고 있나. 글로벌 금융위기를 고비로 세계화 흐름이 되돌려지기 시작했다. 이제 황제급 지도자에 오른 시진핑 주석이 2012년에 집권한 뒤 중국과 미국간의 파열음이 커졌다. 이에 더해 2020년 코로나19를 계기로 글로벌 공급망이 안보 측면에서 취약하다는 것을 깨닫게 되자, 원가 절감과 경제적 효율성은 뒷전으로 밀리고 가치를 공유하는 믿을 만한 국가들끼리 (주도자는 미국이지만) 공급망을 재편하기 시작했다.

미국 자동차 3사의 동시 파업이 88년 역사상 처음이라는 사실은 세계화가 퇴행하는 맥락에서 바라봐야 한다. 세계화가 진행될수록 기업들의 가격 결정력과 노동자의 협상력은 약해진다.[4] 세계화 과정

---

4   Jean-Marc Natal and Nicolas Stoffels, 『Globalization, Market Power, and the Natural Interest Rate』, 2019.5.

에서 기업들은 인건비가 저렴한 국가에 진출하여 공급망 일부를 아웃소싱하고 다른 기업들도 경쟁적으로 이 과정에 뛰어들기 때문에 가격 경쟁이 치열해져 기업들의 가격 결정력이 약해진다. 즉, 물가 상승 압력이 감소한다.

또, 제조업의 공장 노동자들은 인건비 저렴한 신흥국에 수많은 일자리를 빼앗긴다. 일자리가 자꾸 없어지니 노동자들이 임금 상승을 요구하기가 어려워질 수밖에 없다. 즉, 노조의 협상력이 약해져 임금 상승 압력 역시 감소한다. 이 포인트를 간파하고, 중국에 빼앗긴 일자리를 되찾아주겠다며 당선됐던 대통령이 도널드 트럼프다.

탈 세계화 과정은 바로 이 과정을 되돌린다. 기업들은 경제적 효율성, 비용 절감을 희생하고 공급망을 이전하니 물가에 상승 압력이 된다. 특히, 가성비 좋은 중국 제품에 대한 접근성이 떨어진다. 미국의 수입에서 중국이 차지하는 비중은 지난 5년간 5%p가량 감소했는데, 중국으로부터의 수입물가지수는 지난 20년간 거의 변함이 없었다. 반면, 미국의 다른 주요 수입국인 유럽, 멕시코, 캐나다로부터의 수입물가지수는 크게 상승했다.

또 미국의 보호무역 정책이 대대적으로 미국내 제조업 부흥을 추진하고 있어, 신흥국에 빼앗겼던 일자리들이 복원되기 시작했다. 사측, 고용주를 향한 노동자들의 협상력은 커질 수밖에 없고 파업은

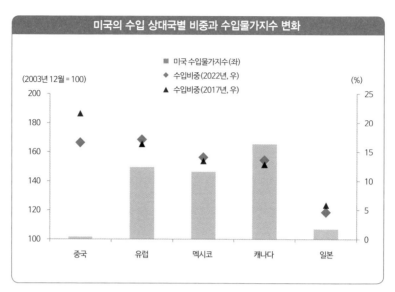

미국의 수입 상대국별 비중과 수입물가지수 변화

■ 미국 수입물가지수(좌)
◆ 수입비중(2022년, 우)
▲ 수입비중(2017년, 우)

(2003년 12월 = 100)   (%)

자료: Bloomberg

더 많은 임금 상승을 끌어내기 쉽다. 그 결과는 인플레이션의 귀환
이다.

즉, **인플레이션을 낮췄던 세계화가 구시대 유물이 됐고, 탈 세계
화는 인플레이션을 부른다. 구조적이고 장기적인 변화다.** 2023년,
미국 자동차 노조 파업은 그 상징적 단면이다.

인플레이션을 안정시키려 기준금리를 5% 중반까지 끌어올린 연
준이 높은 금리를 장기간 유지할 이유, 향후 금리 인하 사이클을 시
작해도 많이 내리지 못할 이유이기도 하다. 높은 인플레이션이 공격

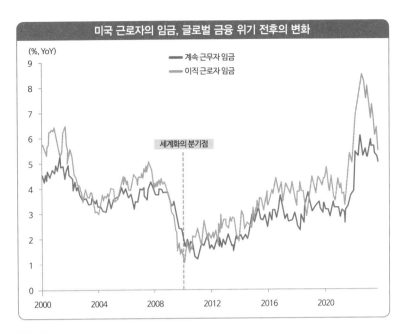

미국 근로자의 임금, 글로벌 금융 위기 전후의 변화

(%, YoY)

— 계속 근무자 임금
— 이직 근로자 임금

세계화의 분기점

자료: Bloomberg

적인 통화정책 대응을 이끌어, 달러화가 강세를 구가하는 것을 우리
는 2022~2023년에 똑똑히 목격했다.

미국 통화정책과 달러화

미국에서 중앙은행 역할을 하는 것은 연방준비제도(The Federal
Reserve System)이다. 국내에서 인용할 때는 줄여서 연준(Fed 또는 FRB)이라고도 한다. 다른 나라 중앙은행과 달리 조직 형태가 독특하다. 연준의 주요 실체(entities) 3개는 워싱턴에 소재한 이사회, 12개 지역에 소재한 각 연방준비은행, 그리고 **통화정책 협의체인 FOMC**(Federal Open Market Committee)다. 통화정책이 논의 초점이니 FOMC를 중심으로 설명하겠다.

FOMC 회의는 이사회가 소재한 워싱턴에서 1년에 8번 열린다. 통화정책 결정에 투표권을 행사하는 멤버는 의장을 포함해 12명이다. 그 중 7명은 이사회 멤버들(의장을 포함하며, 1~2명이 공석인 경우도 흔하다)이다. 나머지 5명은 뉴욕 연방준비은행 총재와 지역의 연방준비은행 총재 4명이 FOMC에서 투표권을 행사한다. 뉴욕 연방준비은행 총재는 단순한 지역 연방준비은행 총재가 아니고 FOMC에서 부의장 역할을 수행하므로 당연 참석자이자 상시 투표권자다. 뉴욕 연준 총재를 제외한 나머지 4명의 투표권은 뉴욕을 제외한 11개 지역 연방준비은행 총재들에게 1년씩 돌아가면서 주어진다. 하지만, 그해에 투표권이 없더라도 회의에는 참석하여 경제나 금융 여건 평가 및 통화정책 등 논의에 참여한다. 순환 투표권을 갖는 11개 지역 은행은 4개 그룹으로 나뉜다. 구체적으로는 다음의 표와 같다.

여느 중앙은행이 그렇듯, 위 연준 위원들의 의견이 일치하는 시기도 있지만 의견이 분분한 시기도 있다. 그래서 통화정책 결정 시 만장일

	2024년	2025년	2026년	2027년	비고
당연직	의장				이사회 멤버
	이사회 부의장				
	금융감독 부의장				
	이사 4명				
순환직	FOMC 부의장(뉴욕 연방준비은행 총재)				뉴욕 총재 제외한 11개 지역 총재를 4개 그룹으로 나누고 그룹 내 1명씩 순서대로 매년 순환
	리치몬드	보스턴	필라델피아	리치몬드	**1그룹** 보스턴, 필라델, 리치몬
	클리블랜드	시카고	클리블랜드	시카고	**2그룹** 클리블, 시카고
	애틀랜타	세인트루이스	댈러스	애틀랜타	**3그룹** 애틀랜, 세인트, 댈러스
	샌프란시스코	캔자스시티	미니애폴리스	샌프란시스코	**4그룹** 미니애, 샌프란, 캔자스

자료: 미국 연준(Federal Reserve System)

치가 아니라 소수 의견이 나오기도 한다. 그리고, 달러화의 돈줄을 쥐고 있는 연준의 통화정책이 전 세계 금융시장을 좌지우지하는 경우가 많으니 연준의 일거수일투족에 주목하는 시선이 많다. 그런데 무려

19명(공석 없을 경우)이 공개석상에서 발언할 때마다 언론에 보도되므로 이 정보를 받아들이는 입장에서는 개별 연준 위원들의 발언을 어느 정도의 무게감으로 받아들여야 할지 고민될 수밖에 없다.

가끔은 오피니언 리더(opinion leader)가 있어서 그의 발언에 따른 시장 반응이 상대적으로 커지기도 하는 반면에, 시장이 그다지 반응하지 않는 위원도 있다. 물론, 의장의 발언이 가장 중요하다. 하지만 **의장은 19명에 달하는 위원들의 중지(衆志)를 모으며 넓은 스펙트럼의 중도적 입장을 취하는 것이 보통이다.** 그래서 연준 내 공감대(컨센서스, consensus)를 대변하는 역할을 하며, 때로는 컨센서스를 주도한다.

상대적으로는 지역은행 총재들보다 이사회 멤버인 연준 이사들의 발언에 조금 더 무게가 실린다. 물론, 뉴욕 연방준비은행은 다른 지역은행과 위상이 달라 뉴욕 연준 총재가 FOMC 부의장을 맡기 때문에, FOMC 2인자이자 연준 지도부로 간주되고 그의 입장은 중요하다. 그러나, 현실에서 뉴욕 연준 총재의 입장은 대개 연준 의장이 공개적으로 하는 발언과 크게 벗어나지 않는다. 2인자의 발언이 1인자와 다르면 내분이 있는 것처럼 느껴질 수 있으니, 자연스러운 현상이다. 그리고 그들이 임팩트 있는 발언을 할 경우, 달러화는 물론 주가, 금리가 즉각적으로 반응하기도 한다.

한편, 연준은 시장과의 소통을 중시해서, 연준 내 컨센서스와 의중을 적극적으로 시장에 전하는 것이 특징이다. 이 과정에 언론도 일정 부분 역할을 한다. 특히, FOMC 회의 이전에는 열흘이 넘는 기간 동안 연준 위원들과 실무진이 공개 발언과 인터뷰를 삼간다. 이기간을 블랙아웃 기간(Blackout Periods)이라 하는데, 보통 화·수요일 이틀간 열리는 FOMC 회의 직전 2개의 토요일 중 첫번째 토요일에 시작되어 FOMC 직후의 목요일에 끝난다. 이 기간에 연준 위원들의 판단을 바꿀 만한 경제 지표 결과가 나오거나 돌발 변수가 생겼을 때는 연준이 직접 메시지를 내지 않지만, 월가를 대변하는 대표적 언론인 월스트리트저널(WSJ)의 연준 전문 기자를 통해 연준 내기류가 전해지기도 한다. 그래서 WSJ의 연준 전문 기자를 연준의 비공식 대변인이라고 부르기도 한다.

연준 전문 기자를 Fed Watcher라고 하는데, 연준과 교감이 깊어 시장의 신뢰도가 꽤 높다. 그래서, 블랙아웃 기간 중에 이 연준 전문 기자의 단독 보도가 나오면 시장은 연준의 의중으로 받아들인다. 그리고 신뢰도가 높은 만큼, 간혹 연준 전문 기자의 보도에 따라 달러화를 비롯해 금리나 주가 등 시장 반응이 커지기도 한다.

실제 사례로 2022년 6월 FOMC 회의(6월 14~15일)를 앞둔 블랙아웃 기간 중이던 6월 10일, 미국의 5월 소비자물가지수(CPI)가 시장 예상을 넘어 전년 동월 대비 8.6%까지 오른 것으로 발표되자 시장은 경악했다. 사실 그 직전까지 연준이 한 번에 75bp(=0.75%p) 금리 인상을 할 것이라는 기대는 미약했다. 5월 초 FOMC 회의에 이어 6월에도 0.50%p 인상을 이어갈 것이라는 기대가 지배적이었다. 하지만 CPI 발표로부터 하루가 지난 6월 11일, FOMC를 불과 며칠 앞두고 WSJ의 연준 전문 기자(Nick Timiraos)가 "미 연준이 이번 주 0.75%p 금리 인상을 고려할 것 같다"는 제목의 기사를 내보내자 0.75%p 인상 가능성을 시장이 순식간에 기정사실화했다. 그리고 연준의 결정 역시 해당 기사가 시사한 것처럼 0.75%p 인상이었다.

미국 통화정책이 긴축적이면, 즉 기준금리 인상으로 대응하면 이론적으로 달러화는 상승한다. 반대로 미국 통화정책이 완화적이면, 즉 기준금리 인하로 대응하면 달러화는 하락한다. 물론, 시장의 반응은 달라질 수 있는데, 금융시장과의 소통을 중시하는 연준이 메시지를 통해 시그널을 보내는 과정에 시장이 해당 기대를 충분히 선제 반영했다면 실제 FOMC 회의 결정 이후 시장 반응은 반대로 나타나기도 한다 (PART1 '경제정책과 환율'에서 설명한 '소문에 사서 뉴스에 파는' 움직임이다).

미국 재정적자와 달러화

정부가 살림살이를 하며 거두어 들이는 돈보다 지출하는 돈이 더 많으면 국가 경제에 좋을까, 나쁠까. 지출하는 돈이 많다 보면 직접 수혜를 받는 당사자 입장에서 당연히 좋을 것이다. 경제 성장을 위한 지출도 늘고, 사회복지성 지출도 덩달아 늘어날 것이다. 그런데, 이렇게 좋기만 할까.

나라 살림이 그렇게 쉽지만은 않다. 정부의 수입보다 지출이 많으면 정부 살림살이인 재정은 적자다. 재정적자는 금리 상승으로 연결된다.

재정이 균형이라면, 즉 정부 살림살이에서 수입과 지출이 일치하면 문제가 없다. 하지만 수입보다 지출이 많아지면 어딘가에서 돈을 꾸어 와야 한다. 이때 가장 쉬운 방법이 국채를 발행하는 것이다. 그리고 미국의 재정 적자는 코로나19 초기에 막대한 지출 수요로 급증한 뒤 감소하는 듯하다가 다시 확대되고 있다.

구축 효과, 밀어내기 효과(Crowding-out effect)라는 경제 용어가 있다. 국채 발행이 늘어나 채권시장에 국채 공급이 늘어나면 국채 금리가 오른다. 금리가 오르면 기업의 투자는 위축된다. 금리가 오르면 소비자 심리에도 영향을 미칠 수밖에 없다. 그래서 정부 지출이 확대되었음에도 내수 진작 효과를 반감시키는 결과를 낳는다. 이를 지칭하는 것이 구축 효과, 밀어내기 효과다.

코로나19 이후 인플레이션과 함께 미국 금리가 상승하는 과정에는 미국 연방정부의 재정 적자 확대도 그 배경이 되었다.

이처럼 미국의 재정적자는 미국 이자율 상승을 초래해, 미국 자산 수요를 높이고 달러화 강세로 연결된다. 다만, 이론적으로 접근하면 재정정책과 환율의 관계는 직접적이지 않아서 평소 상관성이 강하지 않다. 금리 상승에 따른 달러화 강세는 자본시장을 통해 단기에 즉각적으로 나타나지만 재정정책의 효과는 경제의 총수요나 민간소비 등 다른 경로를 통해 간접적으로 환율에 전달되기에, 복합적인 시장 상황에 따라 재정적자인 상황에서 통화가치가 약세를 보일 수도 있고 강세를 보일 수도 있다.

한편, 이들만 달러화 가치를 움직이는 것이 아니라 다른 변수도 함께 영향을 미치므로 실제 환율 움직임에서 재정적자의 효과만 구분해내기는 힘들다.

2021년 이후 미국의 금리 상승 과정에는 많은 변수들이 영향을 미쳤다. 인플레이션 역학의 구조적 변화에 영향을 미치는 많은 변수들이 있고(탈 세계화, 탄소중립 사회로의 전환, 복지비용 확대 등), 통화정책, 그리고 재정적자가 있다. 그리고 시장을 움직이는 견인차는 그때그때 달라진다. 더욱이 달러화는 안전자산이기에 시장의 불안감 때문에 상승하기도 한다.

다음 그래프는 미국의 매월 재정적자와 국채 발행액 추이를 보인 것이다. 2023년에는 재정적자 확대와 함께 미국채 발행 증가로 인해 미국채 금리가 강하게 상승하면서 달러화에도 상승 압력으로 작용했다.

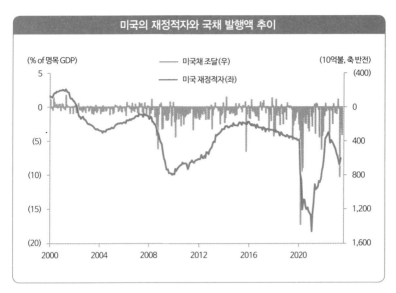

달러화와 코스피

미국 달러화는 전 세계 자본의 움직임을 대변하므로 달러화의 가격 변동이 코스피를 흔들 수는 있지만, 한국 주식만의 시장인 코스피의 변동이 달러화를 흔들지는 않는다. 하지만 원화 가치의 변동을 유발해, 달러·원 환율을 흔들 수는 있다.

가령 20세기말 한국이 IMF에서 구제금융을 받아야 했던 외환위기는 한국의 위기였기 때문에 코스피가 흔들리고 원화 가치가 흔들렸다. 원화 가치가 푹 내려 앉으니 상대적으로 달러화 가치가 치솟을 수 밖에 없었다. 한국의 외환보유고, 달러화 보유액도 바닥을 드러냈다. 코스피의 변동이 직접적으로 달러화를 흔든 것은 아니지만, 한국에 터전을 둔 우리 눈에는 원화가치 하락 때문에 달러화가 상승한 것처럼 보일 수도 있었다. 코스피에 상장된 기업들의 주가가 폭락하고 원화 가치도 속절없이 추락하면서 당시 달러·원 환율은 2,000원에 육박했다.

일반적으로는 코스피 같은 개별 시장의 움직임이 달러화를 흔들기보다는 달러화의 변동이 코스피를 흔든다. 다만, 금융시장의 반응은 즉각적이어서 움직임은 거의 동시에 일어나는 경우가 많다. 금융시장의 선수들은 때때로 이유를 모른 채 달러화가 급등하는 현상을 목격하면 자동적으로 '뭔가 문제가 있다'는 촉을 느끼며 일단 위험자산 매도에 나선다. 물론, 앞에서 지적한 것처럼 많은 경우에는 어떤 경제적 현상이 달러화와 위험자산에 동시적 영향을 미친 것일 뿐인데, 달러화의 독보적 위상 때문에 달러화 움직임 자체가 위험자산의 매도세나 매수세를 초래한 것처럼 보일 때도 있다.

이러한 배경에서 달러화 가치가 상승할 때, 달러·원 환율이 상승할 때 대체로 코스피 지수는 하락한다. 반대도 성립해서 달러·원 환율이 하락할 때, 대체로 코스피는 상승한다.

그런데 예리하게 본다면 비교 대상의 성격을 문제 삼을 수 있다. 달러·원 환율과 코스피 지수를 직접 비교하는 게 적절한지를 말이

나는 달러로 경제를 읽는다

다. 달러·원 환율은 상대 가격인 반면, 코스피 주가는 절대 가격인데 이 둘을 비교하는 것이 적절하겠는가. 원화 가치를 주로 달러·원 환율의 렌즈를 통해 간접적으로 인식하므로 코스피와 비교하는 경우가 흔하지만 문제 의식은 가질 수 있다.

달러·원 환율이 상대 가격 변수이기에, 한국의 주가를 대표하는 코스피 지수도 전 세계 주식 대비 상대 가격으로 변환해서 비교하면 더 적절한 비교대상이 될 것이다. 데이터만 있으면 어렵지 않다. 아래에 그 관계를 보였다. 왼쪽은 달러·원 환율을 단순히 코스피 지수와 비교한 것이고, 오른쪽은 '전 세계 주식 대비' 코스피의 상대적 지수를 보인 것이다.

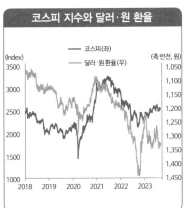

자료: Bloomberg, 필자

육안으로 보기에도 왼쪽보다는 오른쪽이 상관관계가 더 높아 보인다. 다만, 2022년 하반기 달러화가 극심한 강세를 보인 시기 이후에는 설명력이 다소 떨어졌다.

전 세계 주식시장과 달러화

역사적인 패턴을 보면, 전 세계 주식시장은 달러화와 반대로 움직인다. 달러화가 상승할 때 전 세계 주식시장은 대체로 하락하며, 달러화가 하락할 때 전 세계 주식시장은 대체로 상승한다. 따라서, 달러화가 상승하는 기간은 주식 투자에서 재미를 보기 힘들고, 달러화가 하락하는 기간에는 주식 투자에서 재미를 보기 쉬운 환경이다. 물론, 국가별 경제 환경이 완전히 같을 수 없으니 국가별로 온도차는 존재한다. 개별 주식에 따른 차이도 크다. 하지만, 안전자산인 달러화의 움직임은 대표적 위험자산인 주가와 반대로 가는 경향이 있다.

달러화가 상승할 때 코스피가 하락하고 달러화가 하락할 때 코스피가 상승하는 경향과 맥락을 같이 한다.

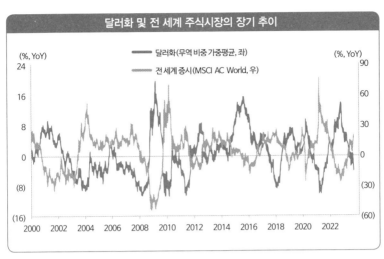

달러화 및 전 세계 주식시장의 장기 추이

주: 달러화는 미국의 무역 상대방별 무역비중으로 가중평균한 것이며, YoY는 year over year의 약자
로 전년 동기 대비를 뜻하므로 1년 전 같은 날 대비 변화율이다.
자료: Refinitiv

미국 주식시장과 달러화

전 세계 주식시장이 달러화 가격 변화와 반대로 움직이는 경향은
미국 주식도 예외가 아니다. 미국 주식도 위험자산이므로 달러화와
반대로 움직이는 경향이 있다. 그러나 조금 다른 특색이 있다.

달러화가 상대 가격으로 표현되므로 미국 주식도 전 세계 주식
대비 상대 가격으로 표현해 볼 수 있다. **전 세계 주식 대비 미국 주
식의 상대가격을 달러화와 비교하면, 미국 주식은 전 세계 주식과
달리 오히려 달러화와 같은 방향으로 움직이는 경향이 강하다.** 이

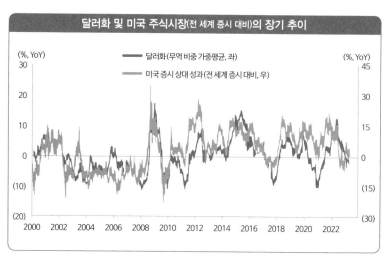

주: 달러화는 미국의 무역 상대방별 무역비중으로 가중평균한 것이며, YoY는 year over year의 약자
로 전년 동기 대비를 뜻하므로 1년 전 같은 날 대비 변화율이다.
자료: Refinitiv

아리송한 결과는 무엇을 의미할까?

기본적으로 달러화가 상승하면 글로벌 주식과 마찬가지로 미국
주식도 하락하는 경향이 있지만, 다른 나라 주식보다는 상대적으로
좋은 성과를 보이므로 미국 주식이 상대적으로 덜 떨어진다는 것을
의미한다. 또, 달러화가 하락하면 글로벌 주식과 마찬가지로 미국
주식도 상승하는 경향을 보이지만, 다른 나라 주식보다 부진한 성
과를 보이므로 미국 주식이 상대적으로 덜 오르는 경향이 있다.

만약 달러화 강세인 시기에 이 그래프를 봤다면 여러분은 어떤 생

각이 들겠는가. 달러가 강세일 때 미국 주식이 상승하는 것처럼 보이지만 상대 가격임에 주의해야 한다. 전 세계적으로 주가가 하락할 때 미국 주식이 상대적으로 덜 하락하는 것일 뿐, 미국 주가가 상승함을 의미하는 것은 아니다.

마찬가지로 달러화 약세인 시기에 이 그래프를 봤다면 미국 주식이 하락하는 것처럼 보이지만, 상대 가격임을 감안하면 전 세계적으로 주가가 상승할 때 미국 주식이 상대적으로 덜 오르는 것이다. 따라서, 미국보다 다른 나라 주식이 더 훌륭한 성과를 내기 좋은 환경이다.

다만, 위 그래프가 시사하는 상관관계가 대체로 맞다고 해도 미래를 내다볼 수 있는 것은 아니다. 단지 상관관계를 보여줄 뿐 앞으로의 달러화 방향성을 시사하는 것은 아니기 때문이다. 상관관계가 항상 맞는 것도 아니다.

또, 한 가지 주의할 점은 가격 하락에 베팅하는 것은 좋은 대응이 아니라는 것이다. 주가의 하락은 가파를 수 있지만 상대적으로 기간이 짧은 반면, 상승은 완만할 수 있어도 하락 기간보다 꽤 길게 진행된다. 하락에 베팅하면 실패할 확률이 어림잡아 두 배가 넘는다. 기회는 상승에서 찾아야지 하락에서 기회를 찾는 것은 무모한 구석이 있다.

대형 이벤트, FOMC 전후의 다이내믹

딱히 짚이는 것이 없는데 주가나 환율이 강하게 움직이면 우리는 으레 '(내가 모르는) 뭔가가 있나 보다' 하고 생각한다. 과연 그럴까? 어쩌면 원인은 단순할 수 있다. 2023년 3월 FOMC 직후의 움직임을 예로 들어 본다.

한국시각으로 3월 23일 새벽에 결과가 나온 미국 연준의 통화정책 회의(FOMC)는 당시 미국 지역은행들의 위기에도 불구하고 기준금리를 25bp 추가 인상해서 미국 기준금리가 4.75~5.00%까지 올랐다. 그래서 당시 한국의 기준금리(3.5%)보다 더욱 높아졌다.

금리는 돈의 가격이니까 미국 금리가 더 올라서 한국 금리와 격차가 벌어지면 달러화와 원화 간의 교환 비율인 달러·원 환율은 이론적으로 상승해야 한다. 하지만 웬걸, FOMC 결과가 나온 직후 열린 23일 서울외환시장에서 환율 움직임은 극단적이게도 반대 방향으로 치달았다. 직전 거래일 달러·원 환율의 종가가 1,307.7원이었고, 당일 환율은 1,278.3원에 마감했으니 무려 30원 가까이 하락한 것이고 하락률만 2.25%에 달했다. 환율이 하루 만에 2% 넘게 하락하는 일은 매우 드물어서 2023년 들어 처음이었고, 코로나19 창궐 초기였던 2020년 3월 20일(-3.05%) 이래 2022년 11월 11일(-4.29%)을 제외하면 가장 큰 환율 낙폭이었다. 이 현상을 어떻게 설명해야 할까.

이렇게 큰 움직임이 나오면 언론을 비롯해, 많은 사람들이 의미를 부여하고 그 원인을 찾는다. 하지만, FOMC 결과가 나온 당일의 환율 움직임을 확대 해석하면 곤란할 때가 많다.

눈치보기 바쁜 시장의 플레이어들

"주도자는 5%뿐이고 나머지 95%는 따라쟁이들이다"라는 말이 있다. 금융시장에 딱 들어맞는 사회심리학적 표현이고 특히 FOMC 결과가 나온 당일에 더더욱 들어맞는다. 이날은 누군가 한 방향을 주도하면 전부 그 방향을 따라간다. 그래서 3원 정도 움직일 뉴스로 30원이 움직이게 되는 경우도 생긴다. 그런데 이 움직임을 주도하는 세력들은 단기 트레이더들이고, 이 달러 하락(경우에 따라서는 상승) 베팅으로 생긴 이익을 당일에 바로 실현하는 경우가 많아 바로 다음날만 돼도 분위기가 달라지곤 한다. 그래서 FOMC 당일과 그 다음날 환율 방향이 완전히 반대로 가는 경우가 허다하다.

아나나 다를까, 다음날인 24일에는 다시 환율이 1% 넘게 상승해서 1,290원 대로 올라섰다. 즉, FOMC 결과가 확인된 당일에는 의미 없는 환율 움직임이 과장되게 나타나는 것으로 특징지을 수 있는데, 그 내막을 조금 더 풀어보면 이렇다.

금융시장에 존재하는 '사회적 증거'

보통은 외환시장에서 다양한 플레이어들이 제각기 다른 호흡, 저마다의 방식으로 트레이딩을 한다. 평상시 호흡은 제각각이다. 하지만, FOMC 같은 대형 이벤트에는 그 호흡이 일치하게 된다. 모두들 결과를 지켜본 뒤 한꺼번에 덤비기 때문이다. 그래서, 갑자기 일치하게 된 시장 참가자들의 호흡이 환율 움직임을 증폭시키기 쉽다.

서로 다른 출발선에서, 서로 다른 시간에, 자신만의 템포로, 서로 다른 방향으로 달리기를 하던 선수들이 갑자기 이날에는 같은 출발선에 서서 같은 시간에 같은 방향으로 100m 달리기를 하는 상황으로 비유할 수 있다. FOMC 당일 환율 움직임이 증폭되는 첫 번째 이유다.

한편, 금융시장처럼 기본적으로 불확실성이 지배하는 세계에서는 다른 시장 참가자들이 어떻게 행동하는가를 트레이더들이 중요하게 본다. 다른 트레이더들의 트레이딩 행태가 사회심리학에서 얘기하는 '사회적 증거'다. 특히, 단기로 호흡이 짧을수록 불확실성은 더 커진다. 1년 동안 미국 주가가 상승하더라도 하루씩 끊어보면 주가가 상승/하락할 확률은 반반인 것과 같은 맥락이다. 외환시장에서 트레이더들은 실제 시장 움직임을 보고 다른 트레이더들의 호흡을 느끼며 하루에도 수시로 치고 빠진다. 짧은 호흡으로 볼수록 대다수가 남의 눈치를 보게 되는 것이다. 환율이 어디로 튈지 불확실한 상황에서 누군가 주도해서 방향성이 보이기 시작하면 모두가 달려들어 그 방향으로 베팅해서 움직임이 증폭되는 것뿐이다. 이것이 FOMC 당일 환율 움직임이 증폭되는 두 번째 이유다.

사실 금융시장에 형성된 가격 자체도 강력한 사회적 증거다. 우리는 시장에 형성된 현재의 주가, 금리, 환율을 그 시점의 적정한 가격이라고 인식한다. 하지만, 이는 사회적으로 합의된 가격일 뿐, 적정한 가격인지는 별개의 문제다. 시장의 패닉이나 과도한 탐욕이 극단적인 시장 가격을 만들어낸 그 순간에도 우리는 그 가격을 당연하게 받아들인다. 금융시장처럼 불확실성이 지배하는 세계에서는 군중의 집단적 지혜를 신뢰하게 되는데, 시장 가격 자체가 군중의 집단적 지혜다. 하지만 불확실한 세계에서 군중의 집단적 지혜는 때때로 신뢰할 만한 것이 못된다.

FOMC 결과가 확인된 당일의 움직임은 그렇다치고 그 다음날은 왜 반대의 움직임이 나오곤 할까. 그 과장된 움직임의 결과로, 달러화를 보는 시장의 시선이 달라지기 때문이다. 앞선 사례에서 3월 23일 하루에 환율이 30원이나, 2.25% 하락했으면 달러화가 불과 하루 만에 트레이더들에게 매수하기에 상당히 매력적 레벨로 보일 수밖에 없을 것이다. 그러면 다음 날에는 달러화 상승에 베팅하게 되고, 이것이 환율 상승으로 연결된다.

마찬가지로 만약 FOMC 당일 움직임이 환율의 대폭 상승이었다면, 그 다음날에는 달러화 매도자에게 상당히 매력적인 레벨이 된다. 그럼 외환시장의 단기 트레이더들은 높아진 달러화를 매도하거나 달러화 하락에 베팅하게 되고 이것이 환율 하락으로 연결된다. 이틀간 무의미한 왕복 달리기를 하는 것으로도 볼 수 있다. 필자는 그래서 FOMC 당일의 환율 움직임을 의도적으로 무시한다. 때로는 움직임이 커도 무의미한 움직임일 수 있다. 물론, 연준 의장이 예상 외의 발언을 하는 등 의미 있는 새로운 변수가 등장하지 않는다는 것이 전제다.

달러화 반대편의 다이내믹

PART1 2장의 '환율이 오르내리는 단순한 원리'에서 외환시장을 달러화와 이외 통화로 양분하고 이에 따라 세계 경제도 미국과 나머지 전 세계 국가로 양분해서 바라보는 것이 유용하다고 설명했다.

외환시장 거래는 기본적으로 두 개의 통화가 하나의 쌍으로 묶여 하나를 사고 상대방 통화를 파는 거래다. 그런데, 달러·엔 통화쌍(currency pair)에서 거래되는 달러화와 달러·원 통화쌍에서 거래되는 달러화는 같은 통화다. 따라서 달러·엔 거래에서 엔화 매도세가 집중되면 상대 통화인 달러화 매수세가 강해지면서 그 여파가 달러·원 환

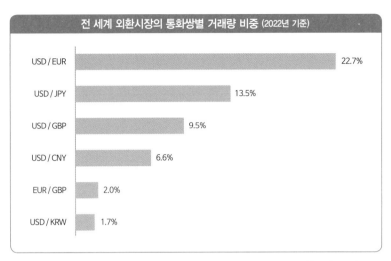

전 세계 외환시장의 통화쌍별 거래량 비중 (2022년 기준)

통화쌍	비중
USD / EUR	22.7%
USD / JPY	13.5%
USD / GBP	9.5%
USD / CNY	6.6%
EUR / GBP	2.0%
USD / KRW	1.7%

주: USD는 미 달러화, EUR은 유로존의 유로화, JPY는 일본 엔화, GBP는 영국 파운드화, CNY는 중국
    위안화, KRW는 한국 원화
자료: BIS(국제결제은행)

율 등 다른 통화쌍에까지 미친다. 이와 반대로 엔화 매수세가 집중되
고 달러화 매도세가 강해지는 상황도 마찬가지다.

달러·엔 환율에서 달러화 강세가 뚜렷하면 달러·원 환율에서도
달러화가 상승할 가능성이 높다는 얘기인데, 그 반대로 달러·원 환
율의 상승세가 달러·엔 환율의 상승세로도 이어질까? 그렇지는 않
다. 외환시장에서 원화의 거래량은 엔화에 비하면 턱없이 적기 때문
이다. 최근 BIS(국제결제은행) 통계에서 보듯 달러·원 환율의 거래량은
달러·엔 환율 거래량의 1/8에 불과하다.

마찬가지로, 전 세계적으로 가장 거래가 많은 달러-유로 간 거래에서 강한 방향성이 나와도 다른 통화에 파급된다. 이 통화쌍에서 유로화가 강하게 상승하면 상대 통화인 달러화가 하락하면서 달러·원 환율까지 덩달아 하락하기 쉽고, 유로화가 강하게 하락하면 달러화가 상승하면서 달러·원 환율까지 함께 상승하기 쉽다. 하지만, 달러·원 환율에서 강한 움직임이 나온다고 해서 달러·유로간 거래에 영향이 파급되기는 어렵다. 외환시장의 꼬리가 몸통을 흔들기 어려운 것이다.

만약 달러·유로간 거래와 달러·엔 거래에서 모두 달러화가 강하게 하락하거나 상승하면? 그 영향력은 당연히 배가될 것이고, 달러·원 환율에도 그 달러화의 방향성이 강하게 반영될 가능성이 높다. 외환시장에서 거래가 활발할 때 이러한 경향성이 더욱 뚜렷하게 나타난다.

달러화 인덱스를 어떻게 해석해야 할까

달러화 가격을 언급할 때 달러·원 환율 외에 간혹 언급되는 것이 달러화 인덱스다. 인덱스(index)가 가진 의미 때문에 달러·원 환율보다 조금 더 넓은 관점에서 얘기하는 것으로 들린다. 달러·원 환율과 달러화 인덱스가 같은 방향으로 언급되기도 하고, 때로는 다른 방향으로 움직인 것을 지적하기도 한다. 달러화 인덱스가 오르면서(또는 내리면서) 달러·원 환율에 영향을 미쳤다는 식의 표현도 볼 수 있다.

달러화 인덱스는 어느 정도의 무게감으로 받아들여야 할까?

달러화 인덱스는 달러화의 가중평균 가치와 같은 이미지를 준다. 하지만, 가중평균하는 대상 통화는 겨우 6개에 국한된다. 우리가 보통 접하는 달러화 인덱스라는 표현은 6개의 주요 통화에 대한 미국 달러화의 상대적 가치를 의미한다. 6개의 통화는 유로화(EUR), 엔화(JPY), 영국 파운드화(GBP), 캐나다 달러화(CAD), 스웨덴 크로나(SEK), 스위스 프랑화(CHF)다. 원화(KRW)는 포함되지 않는다.

상대 통화의 비중은 유로화가 57.6%로 압도적으로 크다. 유로화는 2023년 현재 유럽 20개 나라가 채택한 통화이기에 그 자체로 국제 통화로서의 위상이 높다. 그 다음이 일본 엔화이며 13%에 조금 못 미친다. 그 다음이 영국 파운드화다.

그런데, 영국은 유럽 경제에 대한 의존도가 높아서 파운드화의 움직임은 유로화의 영향을 많이 받는다. 달러화 대비 환율 측면에서 유로화와 파운드화의 움직임은 꽤 유사하다(그래프 참조).

달러화 인덱스에서 유로화 및 파운드화 비중을 합하면 대략 70%다. 달러화 인덱스는 유로화를 추종하는 통화까지 합하면 유로화의

유로화 및 파운드화 장기 추이 (달러화 대비)

(미달러)
― 유로화(달러 대비, 좌)
― 파운드화(달러 대비, 우)

2013 2014 2015 2016 2017 2018 2019 2020 2021 2022 2023

주: 2015년과 2016년에는 유럽중앙은행(ECB) 통화정책이 두 통화 움직임에 차이를 만들어냈고 2016년
에는 영국의 브렉시트(Brexit, 영국의 유럽연합 탈퇴) 투표가 또 다른 차이를 낳았다.
자료: Refinitiv

비중이 사실상 70%라는 얘기다. 엔화까지 제외한 나머지 3개의 통화들 비중은 미미하다. 그래서, 달러화 인덱스는 유로화에 비교한 달러화 가치와 별반 차이가 없다. 유로·달러 환율은 달러·원 환율과 표기 방식이 반대라서 1유로당 몇 달러로 표현되므로, 유로·달러 환율을 뒤집어보면 그래프에 보인 것처럼 달러화 인덱스와 움직임이 사실상 같다.

따라서, 달러화 인덱스가 외환시장의 광범위한 달러화 움직임을 설명한다고 생각하면 다소 비약이 생긴다. 외환시장 거래량이 가장 많은 유로·달러 환율이 달러화의 가중평균 가치를 상당 부분 대변

달러화 인덱스와 유로·달러 환율의 추이

(Index) · 달러 인덱스(좌) · 유로·달러 환율(우) · (미 달러, 축 반전)

자료: Refinitiv

하기는 하지만, 부족함이 있다. 중국 위안화나 한국 원화, 멕시코 페소화 등 미국의 주요 무역 상대국 일부 통화들은 전혀 반영되지 않기 때문이다.

다만, 달러화 인덱스 움직임이 달러·원 환율에 미치는 영향을 무시할 수 없는 이유는 외환시장에서 가장 많이 거래되는 통화들의 움직임을 반영하기 때문에 원화 등 다른 통화에까지 그 영향이 사실상 미치기 때문이다. 앞선 챕터에서 그래프로 보인 BIS 최신 통계(2022년 기준)에 따르면 달러와 유로 간 거래는 달러와 원화 간 거래량의 13배 남짓, 달러와 파운드 간 거래는 6배에 가까우므로 이 둘만 합해도 달러·원 거래량의 19배에 달한다. 따라서 달러와 유로 간 거래에서 강한 방향성이 나타나면 거기서의 달러화 방향성이 달러·원 환율에 고스란히 전해질 가능성이 높다.

위안화가 원화를 움직이는가

달러·원 환율 움직임을 설명할 때, 달러·위안 환율 움직임으로 설명하는 경우도 많다. 위안화가 상승하거나 하락하면서 원화도 따라갔다는 식이다. 중국이 아시아 최대 경제국이자 세계 제2의 경제 대국이고 2023년까지 한국의 최대 수출국이며 달러·위안 거래량이 달러·원 환율의 대략 4배에 달하니 그럴 만도 하다. 그런데, 위안화 때문에 원화가 움직였다는 식의 설명은 맞는 설명일까.

반은 맞고 반은 틀리다. 서울외환시장의 장중 움직임으로 범위를 좁히면 대체로 맞다. 달러·위안 거래량이 많다 보니, 이 통화쌍에서 강한 움직임이 나오면 달러·원에서도 달러화가 같은 방향성을 보이는 경향이 있다. 하지만, 기간을 조금만 넓혀도 달러·위안 환율과 달러·원 환율의 상관성이 낮아 보이는 기간도 많다. 대상 기간을 넓히면 위안화 움직임이 원화 움직임에 미치는 영향이 그리 크지 않다고 볼 수도 있다.

자료: Refinitiv
초록색 선은 달러·위안 환율, 회색 선은 달러·원 환율(왼쪽 그래프에는 역외 환율 움직임 포함).
왼쪽 그래프는 2023년 8월 9일부터 14일까지 4거래일간이며 23 8 09는 2023년 8월 9일을 의미.
오른쪽 그래프는 2021년 7월 8일부터 6개월간이며 X축 timeline의 21 7은 2021년 7월을 의미.

이렇게 위안화와 원화의 움직임이 장·단기에 따라 상관관계에 차이를 보이는 배경은 무엇일까. 장기일수록 경제 펀더멘털의 영향이 크지만, 단기일수록 심리적 요인이 크게 작용하기 때문이다. 딜링룸에서 하루종일 외환시장과 전투를 치르는 트레이더들도 수시로 변하는 환율 움직임의 원인을 모르는 경우가 많다. 특히 특정 이벤트나 뉴스 없이도 환율에서 큰 움직임이 나오곤 하는데, 바로 이런 상황에서 그 배경을 알기 힘들다. 이렇게 불확실한 상황에서 유사한 사람이 많으면 '사회적 증거'가 성립된다. 이때, 달러·위안 환율의 움직임 자체가 달러·원 환율을 거래하는 시장 참가자들에게 강력한 사회적 증거로 작용한다.

그리고 위안화와 원화의 상관성은 중국이 제로 코로나 정책을 고수하며 다소 폐쇄적인 정책을 추진한 이후로 더 낮아진 것처럼 보이는데 이러한 경향은 더 강해질 수 있다. 한국 경제와 중국 경제의 관계가 약화되고 있기 때문이다.

1992년 한·중 수교 이래 한국 기업들은 성장 가능성이 무궁무진해 보였던 중국으로 진출 러시(rush)를 이뤘다. 그런데 미·중 관계가 악화되고 세계화가 퇴행하는 동시에 중국의 기술력이 급상승하면서 상황이 달라졌다. 특히 시진핑 시대에 중국의 국수주의적 성향이 심화되며 중국은 기회라는 인식보다 리스크라는 인식이 더 강해졌다.

그 결과는 한국 기업들의 중국 투자 기피와 대안 마련이다. 2023년 상반기에 한국 기업들의 해외 법인 설립은 중국보다 일본과 베트남이 더 많았다. 1989년 이후 처음 있는 일이다. 중국으로의 수출도 감소하고 있는데, 경기적인 측면에 따른 수요 감소 외에도 중국의 기술력 상승으로 한국산 중간재를 중국이 직접 생산할 수 있게 되어 한국산에 대한 수요 감소로 연결되는 것도 배경이다. 장애물은 또 있다. 미국이 미국의 원천 기술이 들어간 첨단 반도체 수출을 제한한 뒤 한국 기업들에게는 그 적용에 유예 기간을 주었지만, 한국 기업들이 대안을 마련해야 하므로 중국 사업 확장을 기피할 수밖에 없다.

중국 경제에 대한 한국의 의존도가 감소하는 것은 위안화의 영향력도 약화될 수 있음을 시사한다. 하지만, 달러·원 환율의 장중 움직임, 즉 짧게 볼수록 위안화 움직임에 민감한 현상은 크게 변하지 않으리라 본다. 거래량 규모 차이를 무시할 수 없기 때문이다.

직감보다 데이터: 적정 환율 추정을 통한 시장 예측

시장은 때때로 적정 수준을 이탈한다. 과대평가될 수도 있고, 과소평가될 수도 있다. 하지만, 지나고 나서야 보일 뿐 막상 그 시점에는 적정 수준으로 보인다. 막상 그 시점에는 직감에 의존할 뿐이고, 강한 방향성이 보이는 상황이라면 그 움직임이 좀 더 지속될 것 같은 직감이 생기기 쉽다. 예를 들어 2022년 9월 달러·원 환율이 1,440원 대까지 무서운 기세로 올랐을 때 시장의 화두는 어디까지 더 오를지에 집중됐고, 1,500원도 멀지 않아 보였다. 과대평가되었다는 목소리, 많이 되돌려질 수 있다는 목소리는 듣기 힘들었다. 하지만, 미래를 전망하기는 어려워도, 미래가 신의 영역이라고 해도, 현재 가격이 적정 수준을 어느 방향으로 얼마나 이탈했는지만 판단할 수 있다면 가까운 미래를 예측하는 데는 큰 도움이 될 수 있다.

그래서 필자가 추정하는 적정 환율이 있는데, 접근 방식은 이렇다. 개별 시장 가격은 수시로 균형을 이탈하고 균형과 멀어지면 다시 균형을 향해 복귀하려는 관성이 있다. 하지만 광범위한 시장 전체로는 균형을 이룬다. 또한 특정 시점에는 개별 시장 가격이 균형을 이탈해 있어도 장기에는 광범위한 시장과 균형 관계에 있다. 따라서 광범위한 시장 가격 균형을 반영하여 개별 시장의 적정 환율을 추정하면 가까운 미래의 환율을 예측할 수 있다.

구체적으로, 개별 시장 가격인 달러·원 환율은 시장의 쏠림과 함께 수시로 균형을 이탈한다. 그리고 달러·원 환율과 역사적으로 밀접한 움직임을 보인 변수들은 다양하다. 미국 금리, 미국 증시와 한국 증시도 있으며 원유 가격과 같은 원자재, 한국 최대 수출품인 반도체 시장의 경기, 중국 부동산 경기 등 중국 경제와 같은 다양한 변수들이 달러·원 환율에 시시때때로 영향을 미친다. 그런데, 달러·원 환율과 특정 변수를 1대 1로 비교하면 밀접한 관계를 보일 때도 있지만 그렇지 않을 때가 더 많다. 달러·원 환율을 한-미 금리 차와 비교해도 마뜩잖고, 반도체 경기, 원유 가격 등 뭐 하나만 봐서는 달러·원 환율을 설명하거나 그 움직임을 이해하기가 여간 어렵지 않다. 시점에 따라 환율을 끌고 가는 견인차도 달라진다.

그렇다면 다(多)대 일로 비교해 볼 수는 없을까?

가능하다. 즉, 5대 1, 10대 1로 비교할 수 있다. 위에 언급한 다수의 변수들과 달러·원 환율이 보인 장기간의 역사적 상관관계를 토대로 지금 달러·원 환율의 적정 수준을 유추하는 방식이다. 이러한 접근으로 달러·원 환율, 달러·엔 환율, 유로·달러 환율, 달러·위안 환율, 달러·동(베트남) 환율 등 개별 환율마다 필자가 적용하는 변수들은 해당 통화 고유의 특성을 반영하여 각기 다른데, 이때 적용하는 다수의 변수들이 개별 환율마다 10개에 가까워서 광범위한 전체 시장을 대변한다고 간주한다.

이렇게 추정한 달러·원 적정 환율 수준과 실제 시장 환율을 비교하면 다음과 같다. 2022년 9~10월의 1,440원대였던 시장 환율, 2023년 2월 초의 1,210원대 시장 환율은 모두 과잉 움직임에 의해 적정 수준을 크게 이탈한 것이었음을 보여준다. 개별 시장은 시시때때로 균형을 이탈해도 미국채 시장, 미국과 한국 주식시장, 원유 등

＊ 적정 환율 추정 로직은 본문에서 설명
자료: Bloomberg, 필자

원자재 시장, 중국 부동산 시장, 반도체 시장 등을 모두 반영한 광범위한 시장 전체는 균형으로 간주한 것이다.

그리고 필자가 추정한 적정 환율은 길면 3개월 이내의 단기에 위치할 가능성이 가장 높은 환율이라고 판단한다. 이렇게 추정한 적정 환율은 적시성이 중요하기 때문에, 과거 몇 달 전의 적정 환율을 지금 도출해봤자 정보로서의 유용성이 없다. 지금 당장의 적정 환율을 알아야 적시성이 있다. 그래서 필자가 적용하는 변수들은 금리, 주가 등 모두 매일 업데이트되는 시장 가격과 변수들이고, 달러·원 환율의 경우 2023년 12월에는 9개 변수를 활용하고 있다.

다만, 시장을 예측하기 위한 적정 환율 추정 방식에 정형화된 모델은 없어서 자의적일 수밖에 없다. 필자의 업무 현장으로 집중되는 환율 관련 수많은 질문과 요청은 단기적 관점이 많아서, 이때 적용하기 위해 필자의 노하우를 적용한 이 방식을 선호할 뿐이다.

중앙은행 통화스왑(한·미 통화스왑), 언제 필요한가

달러·원 환율이 치솟으며 호사가들이 위기론을 들먹일 때면, 언론도 한·미 중앙은행간 통화스왑을 체결해야 한다는 훈수를 두며 위기 돌파를 주문한다.

하지만, 한·미 중앙은행간 통화스왑에는 두 가지 걸림돌이 있다. 첫째는 실질적 권한이 거래의 일방인 미국에 있다는 것이고 둘째는 아무 때나 효과를 볼 수 있는 카드가 아니라는 점이다.

먼저, 국제 통화가 아닌 원화를 미국 중앙은행이 받아봤자 쓸 일이 없다. 한·미 중앙은행간 통화스왑을 체결하면 이는 한국의 필요에 따른 것이다. 또한 이 카드는 달러화 유동성이 경색되었을 때 효과를 볼 수 있는 것이기에, 달러·원 환율이 급등한다고 해도 달러화 유동성이 풍부하면 불필요한 카드가 될 것이다. 그리고, 달러화 기축 통화 체제가 미국 금융 패권의 근간이기에 연준은 전 세계에 달러화 유동성을 끊임없이 공급한다. 달러화 유동성이 경색되는 상황이 발생하면 한국이 요청하지 않아도 먼저 손을 내밀 수 있다.

그렇다면 달러화 유동성이 경색되는 것은 어떤 상황일까. 일례로 달러화 유동성이 경색되면 시장이 패닉, 공포에 휩싸여 외환시장에 아예 달러화 매도 주문이 몇 분간 실종되기도 한다. 실제 코로나19 창궐 초기에 시장 패닉이 절정에 달했던 2020년 3월 19일 서울외환시장 개장 직후 1분간 달러화 매도 주문이 단 한 건도 없었다고 한다. 개장 중의 1분간은 결코 짧은 시간이 아니다. 이날 달러·원 환율의 하루 상승폭은 3%를 넘겼고 이는 매우 드문 일이다. 2008년 9월 리먼브러더스 파산이 트리거가 된 글로벌 금융위기 당시에는 유동성 경색이 더 심각했다.

한·미 중앙은행간 통화스왑이 체결됐던 사례는 이렇게 두 차례였다. 그리고 그 효과는 즉각적이었다. 글로벌 금융위기 당시에는 2008년 10월 30일 새벽 4시 30분(한국시각)에 체결됐고, 이후 개장한 서울외환시장에서 달러·원 환율은 하루 만에 12.4%(1,427원→1,250원) 하락했다. 또, 코로나 창궐 초기에는 2020년 3월 19일 밤 22시에 체결됐고, 익일 서울외환시장 달러·원 환율은 3.05%(1,285.7원→1,246.5원) 하락했다.

만약 환율이 낯선 수준까지 올라서 불안감이 엄습하는 상황이더라도 그저 환율이 질서 있게 꾸준히 오른 것이라면 달러화 유동성에는 문제가 없는 상황일 가능성이 크다. 한·미 중앙은행간 통화스왑은 필요할 때가 따로 있다.

해외 주식에 투자할 때 환율을 고려해야 하나

해외 주식, 특히 한국 투자자들의 로망인 미국 주식에 투자할 때 달러화 환율까지 고려해야 할까? 미국 주식에 투자하려면 달러화로 환전을 거쳐 달러화로 투자되므로 당연히 환율 변화도 주식 투자 성과의 일부분을 차지한다.

그런데 단기 투자자인지 장기 투자자인지에 따라 환율이 손익에 미치는 영향에 차이가 있다. 좋은 주식에 투자했다면 장기적으로 가격은 상승할 텐데, 성장하는 우량 기업의 주가 변동에 비하면 장기적인 환율 변동은 보잘것없다. 따라서 여러분이 거래를 최소화하는 장기 투자자라면 환율이 손익에 미치는 영향은 미미하겠지만, 거래 빈도가 잦은 단기 투자자라면 환율 변동이 전체 손익에 미치는 영향이 상대적으로 클 것이다. 장기 투자자라면 환율 변동이 손익에서 차지하는 영향에 신경 쓸 필요가 없다.

그렇다면 단기 투자자는 환율 변화에 어떻게 대응해야 할까. 필자의 답은 장기 투자자에 대한 답과 다르지 않다. 단기로 기간을 좁혀도 주가의 변동폭이 환율 변동폭보다 훨씬 크기 때문이다. 단기 투자일수록 실력보다 우연이 더 큰 역할을 하는데, 성과를 우연에 맡기는 마당에 부수적 변수인 환율까지 신경 쓰기보다 주식 자체에 관심을 집중하는 편이 더 나으리라는 생각이다.

투자 성공, 실력인가 운인가

바로크 시대 이탈리아의 작곡가 비발디(Vivaldi, 1678~1741), 초기 낭만파 시대 독일의 음악가 멘델스존(Mendelssohn, 1809~1847). 역사적으로 유명한 작곡가들이다. 몇 백 년이 지나도 드높은 명성만큼 당대에도 스타가 되어 남부럽지 않게 살았을까?

비발디는 봄, 여름, 가을, 겨울로 이어지는 바이올린 협주곡《사계》로 유명하다. 하지만 승승장구하던 그는 인생 말년인 1737년을 기점으로 몰락했다. 야심차게 추진하던 오페라 공연을 위해 몇 년 동안 많은 것을 투자했는데 공연이 무산되는 바람에 파산하고야 말았다. 그리고 불운까지 겹치며 쓸쓸한 말년을 맞았다. 사망 후 잊혀졌던 그가 재조명된 것은 무려 200년이나 지난 뒤였다. 사실 베토벤이나 모차르트도 그랬듯 당대의 음악가들은 비극적인 생애를 보낸 경우가 많았다.

멘델스존은 지금도 결혼식마다 울려퍼지는《결혼행진곡》을 작곡한 음악가다. 그는 부유한 유태인 가문에서 태어났을 뿐 아니라, 결혼을 포함해 복받은 생애를 살았다. 생애가 짧았던 것이 흠이다.

멘델스존과 비발디의 운명을 가른 것은 실력이었을까, 운이었을까. 이 시대 우리의 렌즈로 보면 그들의 명성이 실력을 입증하므로 운이라고 볼 수밖에 없다. 운이 이들의 인생을 갈랐지만, 작곡가로서 이들의 실력에는 의문의 여지가 없다.

투자 인생에서도 운이 중요하다. 하지만, 투자의 성패를 가른 것이 운 때문인지 실력인지를 구분하기는 어렵다.

사례를 살펴보자.

1 필자가 또래보다 조금 늦게 사회생활을 시작하던 시기에는 주식시장이 뜨거웠다. 글로벌 금융위기가 닥치기 전이었고 2001년부터 2007년까지 한국 주식시장은 전 세계적으로도 각광받는 시장이었다. 코스피 지수 자체는 2000년 말 불과 504pt에서 2007년 중 2000pt를 처음 돌파했고, 특히 2001년부터 2005년까지 매년 한국 코스피의 연간 상승률은 미국, 중국, 유럽, 일본의 주요 주가지수 수익률을 모두 매번 앞질렀다. 사회 초년병들도 주식 투자를 많이 했고, 펀드 투사가 대중적으로 열풍일 수밖에 없었다. 중국 특수가 컸다.

상승하는 종목이 많고 시장이 전체적으로 상승하니 이익을 본 사람들이 많았고 주식 얘기를 하는 사람도 많았다. 이 당시 이익을 본 투자자들은 실력이 좋았던 것일까, 운이 좋았던 것인가.

2 우리 같은 일반인이 손흥민 선수와 일대일 축구 대결을 할 수 있다면? 대결을 할 수 있어 영광이겠지만 100% 진다. 하지만 그와 가위바위보를 하면 대등해진다. 절반은 이길 수 있다. 우리가 로저 페더러나 노박 조코비치

같은 선수와 테니스 대결을 해도 100% 질 것이다. 하지만 그들과 동전 던지기로 내기를 하면 역시 이길 확률은 반반이다.

이 결과를 가르는 것은 실력이다. 실력이 결과에 절대적인 영향을 미치는 영역이 있는 반면, 오로지 운에만 좌우되는 영역도 있다.

동전 던지기는 극단적으로 운이 작용하는 영역이지만, 대부분의 영역에서는 실력과 운이 함께 작용하는데 상대적으로 실력의 영향력이 큰 영역도 있고 작은 영역도 있다. 예를 들어 자격증 시험에서는 수험자의 실력이 그 결과를 크게 좌우할 것이다. 그런데, 내가 또는 내 자녀(뭉뚱그려 '우리'라 하겠다)가 명문대를 졸업할 확률은?

냉정하게 보면 우리가 명문대를 졸업하려면 생각보다 운이 크게 따라야 한다. 왜냐하면 현실적으로 좋은 가정환경, 좋은 동네 같은 조건들이 따라와야 명문대에 입학할 가능성이 높아지기 때문이다. 우리가 청소년 시기에 갑자기 불우한 환경에 처하게 되어 물리적으로나 심적으로 학업에만 전념할 수 없고 아르바이트로 식비부터 마련해야 하는 것이 눈 앞에 닥친 현실이라면 명문대 입학은 어려워진다. 불굴의 의지로 이 난관을 뚫고 희박한 확률로 명문대에 입학하더라도 남들과 같은 대학 생활은 언감생심이다. 등록금도 직접 벌어야 할 것이다.

사실 우리가 이 시대에 한국에 태어난 것도 타고난 운이다. 우리 존재는 미국 부모 사이에서 태어났을 수도 있고, 아프리카 빈국 또는 미얀마의 소수 민족으로 박해 받는 로힝야족의 막내로 태어났을 수도 있다. 또는 조선시대 말기에 천민으로 태어났을 수도 있다. 어쩌면 고양이나 캥거루, 멧돼지로 태어나 사람이 쏜 활에 맞아 죽을 운명이었을지도 모른다. 이렇게 어디까지가 실력이고 어디서부터 운인지 구분하기는 쉽지 않다.

주식 투자나 달러화 투자는 어떨까. 경우에 따라 다르다. 우리 실력이 출중하고 높은 수준의 관련 전문 지식을 갖고 있어도 단기 투자자라면 운이 크게 작용하고 장기 투자자라면 운의 영향력이 훨씬 줄어든다. 미국 S&P500 지수는 1994년초부터 2021년 말까지 28년 동안 10배가 됐다. 2021년 말, 2022년 초에 사상 최고치를 기록했으니 이때까지 들고 있었다면 언제 샀더라도 이익을 냈을 것이다. 하지만 이 기간 동안 7000일이 넘는 주식시장 개장일 중 전날 종가 대비 상승 마감한 날의 비율은 고작 53%에 불과하다. 50%와 별 차이가 없으니 하루 오르면 하루 내리는 꼴이다. 하루씩 잘라 보면 동전 던지기와 비슷해진다. 28년간 매일 사고 팔고 했어도 어쨌든 10배 가까운 이익 아니겠냐 생각할 수 있지만, 거래 수수료가 갉아먹는 수익률이 생각보다 크다. 게다가 자주 사고 파는 거래자일수록 감정에 휘둘리기 쉬워 장기에는 시장 평균 수익을 내기 어렵다.

한국의 대표 주식 삼성전자는 어떨까. 삼성전자 주가는 1994년

초부터 2021년 말까지 28년 동안 127배가 됐다. 이 기간 동안 전날 종가 대비 상승 마감한 날의 비율은 고작 51%다. 그리고 이 기간에 가장 높은 연간 수익률을 기록한 해는 1999년이었는데 1년 만에 주가가 3.42배가 됐다(수익률은 242%). 그런데 1999년 한 해 동안 주가가 상승한 날의 비율은 50%에 불과했다. 249거래일 중에 상승한 날이 125일이었다. 아무리 좋은 주식도 상승폭의 차이는 있겠지만 오늘 주가가 상승할 확률은 50%에서 크게 벗어나지 않는다는 것은 동전 던지기나 별반 다를 바 없음을 시사한다. 아무리 좋은 주식도 투자 기간이 짧아질수록 우연의 역할이 커진다. 만약 하루에도 수 차례, 수십 차례 사고 파는 단기 투자자라면 거래 수수료가 더욱 커지고 충동적인 거래가 많아지면서 이익을 내기가 더욱 어려워진다. 달러화 투자도 마찬가지다.

한편, 지금 이야기한 S&P500 지수나 삼성전자는 지금 와서 보면 쉽게 선택할 수 있었을 것처럼 보이지만, 착각이다. 심리적 함정 중에 생존 편향과 후견지명(사후 확신편향 또는 확증편향)에 해당하는 착각이다.

'실패한 사람은 말이 없다.'

생존 편향을 드러내는 상징적 표현이다. 주식 투자로 크게 이익을 낸 사람도 여러 주식에 투자해서 크게 이익을 본 주식과 손실을 본 주식이 섞여 있는 경우가 많다. 그러면, 손실 본 주식보다 큰 이익을 안겨준 주식만 얘기하기 마련이다. 실패한 사람들은 잘 드러나지 않는 반면, 성공한 사례는 쉽게 소문을 타고 부풀려지기도 하면서 선망의 대상이 되기 때문에 생존자들의 사례에 우리 시선이 집중되면서 생기는 편향이 바로 생존 편향이다.

후견지명은 어떤 사건이나 일의 결과를 확인하여 알게 된 뒤에는 마치 사전에 결과를 예측할 수 있었던 것처럼 생각하고 말하는 심리다. 선견지명은 어렵지만 후견지명은 쉽다. 한마디로 허세라 할 수 있지만, 누구나 쉽게 빠질 수 있는 심리적 함정이다. 지금 대장주가 된 미국 빅테크 주식이나 삼성전자, 또 2023년 여름까지 대박주가 된 코스닥의 에코프로 같은 주식을 '샀더라면, 살 수 있었는데' 생각하는 심리는 어디까지나 사후적으로 결과를 알기 때문에 드는 생각일 뿐, 냉정하게 따지면 우리가 일찌감치 사기 어려운 주식들이었다. 회상한 과거의 그 시기에 그 주식을 선택하기에는 스스로의 논리나 명분이 부족하거나 관심이 멀었음을 인정할 수밖에 없다.

설사 삼성전자 주식을 오래 전에 사서 가지고 있었다고 하더라도, 삼성전자 주가가 상승한 그 오랜 기간 동안 대부분의 투자자는 가격이 다시 떨어질까 두려워 일찌감치 이익을 실현하며 팔아버렸다. 그리고 다시 산 뒤 다시 파는 거래를 반복하는 사람도 많았겠지만, 그 옛날에 사서 아직까지 한 번도 안 팔고 들고 있는 투자자는 손에 꼽아야 할지 모른다. 누군가는 1989년에 거품의 절정에 달했던 일본 주식을 거품 붕괴 직전에 사는 선택을 했을 것이고, 누군가는 2020 년 말에 정점이었던 홍콩에 상장된 중국의 빅테크 주식을 샀을 것이다. 지나서 결과를 알기 때문에 후견지명이 생긴 것이다.

우리가 접하는 성공한 투자자나 성공한 투자의 사례도 생각보다 운의 역할이 클 수 있지만, 운의 역할이 어느 정도였는지는 드러나지 않는다. 그저 그들의 실력 때문에 성공이 따라온 것처럼 보인다. 하지만, 정말로 그들의 능력으로만 성공한 것인지 엄밀하게 증명하기는 어렵다.

성공한 투자자의 성공이 실력 때문인지 운이 좋았던 것인지를 구분하는 것은 어렵고 그들 스스로도 구분하지 못하지만 그 투자자가 장기간 성공을 입증했다면 실력이라고 봐야 한다. 그가 젊어서부터 투자해서 80대에도 성공한 투자자라면 신뢰할 후보는 될 수 있다. 나이 지긋한 중년의 성공한 투자자지만 애초에 종자돈이 컸던 있는 집 출신이라면 그저 한국 경제의 고성장 시대를 살았던 그의 태생 배경과 출생 시기가 성공의 결정적 변수였을 수도 있다. 운이 생각보다 많이 작용했을 수 있다는 것이다. 물론, 많은 경우에는 스스로의 노력과 실력이 밑바탕이 되었겠지만 운의 역할은 과소평가되기 쉽다.

속기 쉬운 우연에 속지 말아야 한다. 투자자라면 더욱 그렇다. 주식시장 상승기에는 초보 투자자도 이익을 내기 쉽다. 투자자로서의 실력은 장기 성과만 의미가 있다.

내 투자 인생에서 실력과 운을 검증하는 방법

흔히 개인 투자자들은 타임과의 싸움이 아니라 타이밍과의 싸움을 한다. 어차피 이익 가능성이 불확실하기에, 길게 기다리기보다 당장의 이익을 추구하기 쉽다. 그래서 장기 투자하기보다는 사고 팔며 이익을 내는 데 집중한다. 더욱이 나무에 눈이 가기 쉬운 반면, 숲 전체를 보기는 어렵다. 그래서 광범위한 시장 전체 지수에 투자하기보다는 개별 종목에 집중 투자한다. 하지만, 이는 투자업계의 현자, 거장들이 개인 투자자들에게 권고하는 방식과는 거리가 멀다.

투자 경험과 지식이 어느 정도 쌓이고 장기투자 철학이 어지간히 확고한 투자자가 아니라면, 개별 주식을 사고 팔며 수익을 노린다. 그리고 상당수의 투자자가 이 과정에서 한때 재미를 보지만 결국 나중에는 실망하며 떠난다. 그리고 별다른 교훈을 얻지 못하고 '난 주식 투자에 재능이 없나 봐, 나랑 맞지 않나 봐'라며 퇴장의 변을 남긴다. 대다수 투자자에게 '광범위한 시장 지수에 분할 매수로 장기 투자하라'는 거장들의 충고는 들리지 않는다.

이 딜레마를 어떻게 돌파할 수 있을까.

2개의 증권사에 각각 계좌를 열고 아예 다른 패턴으로 투자하면 어떨까. 즉, 나의 투자금을 절반으로 나누고 A증권사에 튼 계좌에 절반을 넣되 마음 가는 대로 투자한다. 그리고 나머지 절반을 B증권사 계좌에 넣되 광범위한 시장 지수에 분할 매수로 투자한다. 단, B증권사 계좌에 레버리지 형태의 지수 상품은 절대 포함시키면 안 된다. 그리고 B증권사 계좌는 무슨 일이 있어도 적어도 10년간 건드리지도 말고 수익을 확인하지도 말고 자동 분할매수되도록 방치한다. 그런 뒤 오랜 시간이 지나 A계좌와 B계좌의 성과를 비교하되 그 성과가 무엇을 의미하는지 음미하는 과정을 반드시 거쳐야 한다.

이 2개 계좌의 성과에서 생긴 차이가 바로 운이 아닌 내 실력을 보여줄 것이다.

혹시 10년 이상의 장기 말고 단기간에 내 실력과 운을 검증할 방법이 있을까. 투자의 성공에는 기본적으로 시간과 수익률이 모두 필요하다. 하지만, 대부분의 개인 투자자들은 시간을 등한시하고 수익률에만 집중하기 쉽다. 단기간에 이익을 봤다면 냉정한 관점에서 실력과 운을 구분할 필요가 없다. 운의 역할이 대부분이기 때문이다. 그리고, 필자는 10년도 장기라고 생각하지 않는다.

전설적 투자자들의 조언을 내 것으로 소화하려면

여러분은 어떤 방식으로 성공을 꿈꾸는가.

사람마다 다를 수 있다. 평범한 배경이지만 젊어서 성공한 입지전적 인물을 롤모델로 삼는 분도 있겠지만, 오랜 세월을 통해 업적이 증명되고 본받을 만한 투자 철학을 가진 역사적 인물(이 책에서는 거장으로 표현)을 롤모델로 삼을 수도 있다. 아니면, 롤모델이 거둔 비현실적인 성공을 꿈꾸기보다 롤모델이 제시하는 현실적인 조언에 소박하게 귀 기울이는 분도 있을 것이다. 필자는 이 중 가장 마지막에 해당함을 밝혀 둔다. 투자 성공에는 지름길이 없기 때문이다.

필자가 거장들의 책을 처음 접할 때는 투자를 잘 할 것 같은 기분보다는 막막함이 오히려 앞섰다. 이걸 도대체 어떻게 따라할 수 있겠는가 하는 마음이 들기도 했고, 혹시 마법의 공식이 있을지 모른다는 의문도 해소되지 않았던 기억이 난다.

정작 거장들이 일반 투자자에게 던지는 메시지는 책에서 잘 보이지 않는다는 문제가 있지만, 대가들은 일반 투자자의 접근은 달라야 한다고 얘기한다. 버핏, 멍거, 피셔의 가치 투자 유형과 레이 달리오의 자산 배분 투자는 결이 다름에도, 일반 투자자들에게 던지는 메시지는 공통점이 있다. 예를 들면, 일반 투자자들은 절대 '마켓 타이밍'을 추구해서는 안 된다는 것이다(버핏 같은 유형은 스스로도 마켓 타이밍을 추구하지 않는다). 하지만 이런 메시지는 일반 투자자들이 듣고 싶은 메시지가 아니다. 그래서 일반 투자자들은 이런 공염불 같은 조언에 귀 기울이지 않는 것이 현실이다.

그 대가들이 거친 과정은 감히 일반 대중들이 흉내 낼 수 있는 것이 아니라는 사실은 분명하다. 전문투자자인 동시에 전업투자자로서 모든 에너지를 투자 과정에 쏟아부을 수 있는 극히 소수가 아니라면 그들을 따라하기보다 그들이 일반투자자에게 어떤 조언을 하는지에 귀 기울여야 한다. 단적으로, 워런 버핏이나 찰리 멍거, 필립 피셔 같은 거장들은 특정 기업에 투자할 때 그 회사의 경영자만큼이나 그 기업을 집중 분석하고 속속들이 이해하고 나서야 투자를 결정한다. 만약 저자의 성공이 쉽게 이룬 성공처럼 느껴지고 성공에 지름길이 있는 것처럼 느껴진다면 책을 의심하는 것이 정상이다.

잠깐의 성공이 아니라 장기 성과로 추앙받는 대가들은 사업의 성격과 수익성, 경쟁 우위, 기업 문화는 물론, 노조 관계는 어떤지, 경영진 마인드는 어떤지, 경영진은 우수한지, 경쟁자는 그들을 어떻게 보는지 등등을 다각도로 집요하고 무자비할 정도로 빠짐없이 파헤친다. 즉, 이들은 투자 대상을 철저하게 이해한 뒤에야, 잘 아는 대상에만 투자한다. 이들의 투자 문턱은 대단히 높다. 쉽게 말해, 학교 다닐 때 전교 1등을 압도적 차이로 누를 정도로 시험 준비가 완벽(투자 대상에 대한 나의 조사 및 분석이 독보적으로 탁월)해야 비로소 시험 치러 들어가는 것이다. 철저한 분석이 선행되지 않으면 특정 종목에 집중투자 하지 않는다. 하지만, 일반 투자자들은 대가들처럼 엄청난 공을 들일 수 없다. 바로 이 점 때문에, 대가들이 스스로는 집중투자를 하면서도 일반 투자자들에게는 집중투자가 아니라 광범위하게 분산

된 시장 지수에 투자하기를 권하는 것이다.

결국 일반 투자자들이 주목해야 할 것은 거장들의 방법론보다 마인드다. 거장들이 처음부터 성공 가도를 달린 것이 아니다. 당연히 시행착오를 거쳤고 시장을 경험하며 접근 방식을 가다듬고 수정했다. 시대를 초월한 마법 공식은 존재하지 않는다.

또 한 가지. 우리가 꿈꾸는 롤모델에 집중하면 그들의 수익률에 주의가 쏠리기 쉽다. 하지만, 더 중요한 것은 버는 것 이상으로 지키기가 힘들다는 사실이다.

로또 복권은 일확천금의 꿈을 꿀 때 가장 쉽게 접근할 수 있는 수단이다. 복권을 사며 다른 사람들이 느끼는 감정을 경험할 수 있으니, 한두 번 경험 삼아 살 수 있다. 하지만, 복권에 당첨되면 인생이 달라지리라는 꿈은 현실과 멀다. 돈이라는 것은 버는 것도 어렵지만 지키는 것은 더 어렵다. 그리고, 돈을 키워 나가는 과정을 거쳐야 금융 개념과 관리적인 마인드가 형성된다. 시간이 필요한 이 과정을 거치지 않고 단숨에 큰 돈을 얻으면 돈벼락에 쾌감을 잠시 느끼겠지만, 고민과 선택으로 다져진 금융 개념과 관리적 마인드가 형성되지 않았기 때문에 그 거금을 운용하거나 유지할 능력이 없다. 잃는 것은 순간이다.

돈을 키워 나가는 과정을 거친 사람이라고 해서 돈을 성공적으로 지킨다는 보장은 없다. 하지만, 그 과정을 거치지 않은 채 일확천금을 얻은 사람은 십중팔구 대부분을 잃어버리고 빚까지 지게 되어 복권 당첨되기 전보다 불행한 삶을 살게 되는 경우가 많다고 알려져 있다. 운이 좋아 큰 돈을 벌 수는 있지만, 그 돈을 지키기는 훨씬 어려운 것이다.

우리 삶과 다르지 않다. 회사에 갓 입사한 신입 사원에게 최고경영자나 고위 임원직 자리가 주어진다고 가정해보자. 연봉이 높아져 당장은 기쁠 것이다. 하지만, 그는 그 직함에 맞는 일을 수행할 능력이 없다. 당연히 권위도 없을 것이고 일을 제대로 시킬 능력도 없으며 무슨 일을 시켜야 할지도 모를 것이다. 모든 일에는 과정을 거치며 얻는 것이 있고, 과정은 시간을 필요로 한다. 시간이 약이다.

금융시장에 작동하는 심리학 원리

환율, 금리, 주가를 보는 사람에게 심리는 대단히 중요해서 이 책에서 몇 번 언급했다. 주식이나 채권, 달러화 등에 투자했거나 할 사람들을 포함해 웬만한 경제적 의사결정에 직접적인 배경으로 작동할 뿐만 아니라 시장 움직임 자체에도 사회심리학적 원리가 작용하기 때문이다.

특히, 투자의 성패를 좌우하는 것은 시장 움직임이라고 보기 쉽지만, 실제로 성패를 가르는 것은 투자자의 선택과 행동이다. 시장 움직임이 어떻든 성공하는 투자자가 있기 마련이다. '치킨은 살 안 쪄요. 살은 내가 쪄요'라는 모 회사의 광고 문구처럼, **시장은 잘못이 없다. 내가 잘못 선택한 것이다.** 결국 투자자의 비합리적 행동이 성패를 가른다.

단지 성공한 투자자가 아니라, 존경받는 투자자들이 남긴 책들을 보면 공통점이 있다. 자기계발서 같은 느낌을 물씬 풍긴다는 것이다. 프랭클린 템플턴이나 앙드레 코스톨라니, 필립 피셔, 워런 버핏, 찰리 멍거 같은 투자업계에서 추앙받는 거장들이 직접 글을 남겼거나 그들의 면면을 볼 수 있는 책들을 보면 그렇다. 이들의 책이 자기계발서 같은 느낌이 드는 것은 합리적 마인드를 기초로 철두철미하게 분석하면서도 심리적 함정에 빠지지 않도록 하는 조언이 가득하기 때문일 것이다. 이제부터 투자자가 쉽게 빠지는 심리적 함정들을 간략히 살펴보자.

과잉 반응, 부정성 편향

나쁜 것이 좋은 것보다 더 강렬하게 다가온다. 금융시장에서도 사람들은 호재보다 악재에 더 민감하게 반응한다. 이 경향은 진화론적으로 설명되기도 한다. 수렵·채집으로 생계를 이어나간 고대인들도 맹수들이나 천재지변의 위협에 더 민감하게 반응한 사람들이 살아 남기 쉬웠다. 하지만, 이 심리적 함정은 때로 투자에 불리하게 작용 하기도 한다.

이 심리적 함정은 투자 경험이 쌓인 노련한 투자자도 방심하면 얼 마든지 빠지기 쉽다. 평소 세상을 보수적으로 바라보고 위험에 더 예 민한 사람들이 이 심리적 함정에 빠지기 쉬워서 시장을 볼 때도 보수 적으로 바라보기 쉽다. 고백하자면, 필자도 이러한 유형에 가깝다. 어 떻게 극복할 수 있을까. 시장 전망과 투자 결정을 분리하면 된다.

많은 사람들이 시장 전망을 근거로 투자 결정을 내린다. 시장이 상승할 것이라 생각하면 지금 투자할 것이고, 시장이 하락할 것이라 생각하면 지금 팔거나 시장 하락에 베팅하는 인버스(inverse) 상품 에 투자할 것이다. 하지만, 전망이 맞는다는 보장이 없을 뿐더러 전 망이 맞을 확률이 50%를 넘는다는 보장도 없다. 그래서 이른바 전 문가들의 의견을 구하고 경청하지만 전문가들도 과거와 현재를 설명 하는 데 능숙할 뿐 미래를 잘 예측하는 것은 아니다. 이번에 맞으면 다음에 틀릴 수 있다.

이 고리를 끊으면 된다. 즉, 시장 전망은 개인의 성향상 보수적으로 하더라도, 투자는 얼마든지 낙관적으로 할 수 있다. 아니, 그래야 한 다. 시장이 가장 비관적인 시점은 막상 지나고 보면 최적의 투자 타이 밍이었던 사례가 많다. 물론, 지금이 최악이라고 생각해서 거액을 투자했는데 더 깊은 추락을 경험할 수도 있다. 그럼 어떻게 해야 하나.

시장이 최악인지 아닌지 판단하고 전망하려 할 필요가 없다. 시장이 비관적일 때 감정에 휘둘리지 않는 것은 여간 어려운 일이 아니다. 따라서, 시장을 보고 판단한 뒤에 투자 결정을 내릴 것이 아니라, 시장과 상관없이 좋은 자산에 적금 붓듯이, 적립하듯이 자동 매수되도록 처리한 뒤 시장과 거리를 두는 방식도 좋은 대안이 될 것이다.

성급한 일반화, 소수의 법칙

초보자 단계에서는 시장에서 패턴을 찾으려는 유혹이 강하다. 패턴만 찾으면 쉽게 이익을 낼 수 있을 것 같다. 찾아낸 패턴이 처음 몇 번 들어맞을 수 있다. 자신감이 용솟음친다. 하지만, 지나고 나면 단지 운이 좋았고 패턴이 들어맞은 것도 우연이었음을 깨닫게 된다. 이를 소수의 법칙이라고도 하는 것은 적은 수의 표본에 지나치게 의미를 부여하여 성급하게 일반화하기 때문이다. 항상 들어맞는 단순한 패턴은 존재하기도 어렵고 몇 번 맞았더라도 계속 들어맞기는 힘들다.

자기 과신, 통제 편향

금융시장은 묘하다. 왠지 모르게 내가 잘할 것 같다.

당신은 타이밍(timing)을 중시하는 사람인가, 타임(time)을 중시하는 사람인가? 타이밍을 중시하는 사람은 방향성에 베팅하는 사람인 반면, 타임을 중시하는 사람(기다릴 줄 아는 사람)은 좋은 자산에 베팅하는 사람이다.

타이밍을 중시하는 사람은 지금이 바닥이라는 데 확신을 갖고 상승에 베팅하거나 지금이 정점이라는 데 확신을 갖고 하락에 베팅한다. 보통 베팅하는 기간은 짧다. 물론, 확신의 수준이 낮아도 요행을 바라고 베팅할 수 있다. 그런데 좋은 자산이라도 가격이 항상 오르기만 하는 것은 아니다. 과대평가되어 있다면 가격이 내리는 시기를 거칠 수 있고, 시장에 악재가 터져서 다 같이 내리면서 하락할 수도 있다. 타이밍을 중시하는 것은 어찌 보면 동전 던지기와 크게 다를 바 없다. 오르거나 내리거나 둘 중에 하나다.

반면 타임, 시간을 중시하는 사람은 기다릴 줄 안다. 좋은 자산은 시간이 지나야 그 가치를 드러낸다. 그런데 기다림의 시간은 기다리겠다는 계획과 결의만으로 얻을 수 있는 것이 아니다. 기다릴 수 있는 투자 철학과 어느 정도는 타고난 기질이 없다면 언제든지 쉽게 깨질 수 있다.

그리고 이 두 유형을 비교하면 타이밍을 중시하는 사람은 자신의 능력을 지나치게 믿고(과신), 무의식 중에 상황을 통제하는 듯한 착각에 빠진다.

그런데 처음부터 타임을 중시하는 투자자는 드물다. 일정 수준 이

상의 학습과 경험을 통해 타이밍에 기댄 투자가 성공할 수 없음을 깨닫고 나서야 타임의 중요성을 인식하는 단계에 이른다.

승자 편향, 생존 편향

승자 편향, 생존 편향은 앞에서 설명했다. 성공 사례는 성공했기 때문에 드러나고 추앙받는 것이지 실패했다면 묻혔을 것이다. 그리고 그 성공에서 실력보다 우연이 더 크게 작용했더라도 우연의 역할을 명확히 찾아내기는 힘들기 때문에 운의 역할을 과소평가하기 쉽다.

따라서, 성공한 사람들의 방식을 무조건 모방하지 말아야 한다. 그들의 성공에 운이 크게 작용했다면 우리가 따라했을 경우에 실패할 가능성이 더 클 수 있기 때문이다.

사회적 증거의 원칙

사회적 증거에 대해서는 초보자를 위한 섹션과 투자자를 위한 이 섹션 모두에서 설명했다. 금융시장 가격 자체가 강력한 사회적 증거다. 시장의 온갖 수요·공급이 한데 어우러져 균형을 이룬 것이 시장 가격 그 자체이기 때문이다. 우리는 무의식적으로 시장 가격 자체를 다수의 집단적 지혜인 것으로 간주한다. 그리고 사회적 증거의 원칙은 불확실한 상황에서 유사한 사람이 많을 때 작동한다. 하지만, 그 사회적 증거가 옳다는 보장은 없다. 시장 가격이 대체로 옳지만, 때때로 엉뚱한 가격에 형성되어 있을 때가 있다. 이때가 기회다.

이 외에도 금융시장과 투자자 자신에게 적용할 만한 심리학 법칙들이 더 있다. 만약 궁금하다면 심리학과 금융시장에 대한 보다 전문적인 서적을 참고하기 바란다.

몇 권 소개하면 다음과 같다.

1. 『생각에 관한 생각』 (대니얼 카너먼 저, 이창신 역)

아마 투자업계에서 가장 유명한 책일 것이다. 저자인 대니얼 카너먼은 심리학이 배경임에도 노벨경제학상을 수상한 분이다. 투자자 스스로 겪게 되는 심리적 문제를 마주할 수 있을 것이다.

2. 『초전 설득』 (로버트 치알디니 저, 김경일 역)

사회심리학자인 치알디니 교수는 『설득의 심리학』으로 유명한 분이다. 책이 금융시장을 직접 다루지 않으므로 시장에 임할 때 적용할 직접적인 지혜를 찾으려 한다면 아예 무관해 보일 것이다. 『생각에 관한 생각』이 투자자 개인의 심리적 문제를 다룬다면, 『초전 설득』은 금융시장에 작동하는 사회심리학 측면에서 교훈을 얻을 수 있다. 우리가 시장 가격을 당연하게 받아들이는 것은 시장 가격이라는 사회적 증거에 쉽게 설득되었기 때문이다.

3. 『돈의 심리학』 (모건 하우절 저, 이지연 역)

성인들에게 가장 좋은 금융 기본서로 하나만 꼽자면 이 책을 추천한다. 금융과 투자에 임하는 올바른 마인드를 읽기 쉽게 전한다. 한 번만 보고 덮을 책이 아니다. 저자의 메시지를 스스로 체화할 때까지 반복해서 봐야 좋으리라 생각한다.

4. 『워런 버핏 바이블』 (워런 버핏·리처드 코너스 저, 이건 역)

심리학 서적은 아니지만, 버크셔 해서웨이 주주서한과 주주총회에서 버핏이 풀어낸 지혜로운 생각들을 접할 수 있다.

3장

미래를
대비하는 관점

투자자가 투자하는 목적은 수익을 내기 위한 것도 있지만, 궁극적으로 미래에 대비하려는 목적이 클 것이다. 미래를 대비하는 관점으로 다양한 이슈들에 접근해보자.

인플레이션이 구조적 변화에 직면했다. 그럼 달러화는?

2021년부터 치솟은 물가를 두고 미국 연준은 한동안 일시적이라고 치부하며 과소평가했다. 결국 뒤늦게 행동하기 시작한 탓에 기준 금리를 급하게 끌어올려야 했다. 그리고 2023년 들어 인플레이션은 더디게나마 가라앉고 있다.

그렇다면 이제 코로나19 이전의 저물가, 저금리 환경으로 돌아가고 있는 것일까, 아니면 세상이 변한 것일까.

일각에서 주장하는 것처럼 구조적인 변화 때문에, 향후 10년 넘게 코로나19 이전의 저물가 저금리 환경을 보기 어려울 수 있다. 그러한 맥락에서 인플레이션과 금리가 같은 방향으로 움직이는 관계를 얘기하며 탈 세계화 과정이 인플레이션을 자극한다고 앞서 설명했다.

그런데, 구조적인 인플레이션 변화를 자극하는 것은 그것만이 아니다. 이례적으로 빠른 속도의 지구 온난화에 직면한 전 세계는 2050년 탄소중립 달성을 위해 2030년까지 온실가스 배출을 최소 25% 줄여야 한다. 이 과정에서 경제적 비용이 증가할 수밖에 없다. 석유·석탄 등 화석 연료에 대한 의존도를 높여온 현대 사회가 이를 낮추고 재생 에너지의 활용도를 높이려면 전환을 위한 시간이 필요할 뿐 아니라 **비용도 불가피하다.*** 즉, 세계 경제의 성장률에는 마이

---

* 친환경 에너지로의 전환이 더디면 더딜수록 전환을 재촉하기 위해 탄소세를 인상하거나 그에 상당하는 규제를 가하게 된다. 탄소세는 이산화탄소를 배출하는 화석연료 사용량에 따라 부과하는 세금을 뜻한다. EU가 2023년 10월 시범 시행하고 2026년부터 본격 시행할 탄소세의 정식 명칭은 탄소국경조정제도, Carbon Border Adjustment Mechanism이다. 환경 규제가 미비한 국가의 생산 제품에 수입 관세를 부과하는 것을 골자로 한다.

너스가 되고 인플레이션에는 플러스가 될 것이다.

이미 유럽연합(EU)은 2026년에 시행할 탄소세 적용 로드맵에서 2023년 10월 그 첫 발을 뗐다. 기업이 온실가스 배출량을 대거 줄이지 못하면, 2026년부터 사실상의 추가 관세인 탄소세를 내야 한다. 이러한 변화로 새로운 무역 장벽이 생기는 셈이고, 이 탄소 규제로 발등에 불이 떨어진 업계가 철강업계다. 일반적으로는 석유 등 화석 연료 수출국이나 에너지 집약적 제조업에서 강점을 지닌 한국과 중국 같은 국가들에 더 큰 부담을 지운다.

더욱이 탄소중립 전환을 촉진하기 위해 미국 바이든 정부는 화석 에너지의 신규 탐사를 불허하고 있다. 이는 원유 공급의 증가를 억제하는 변수라서, 원유 수요가 증가하는 시기에 공급 업체들이 탄력적으로 대응할 수 없다. 원유 가격 상승 자체가 인플레이션을 높이는데, 공급 증가 능력이 제한되면 원유 가격에도 상방 압력으로 작용하여 인플레이션을 더욱 위협하게 된다.

한편, 탄소 중립으로의 전환 정책을 재촉한 지구 온난화는 정책적인 측면에서만 성장률을 저해하고 인플레이션을 높이는 것이 아니다. 2023년 전 세계 기상 이변을 일으킨 슈퍼 엘니뇨 현상은 지구 곳곳에서 문제를 일으켰다. 엘니뇨(동태평양의 3개월 평균 해수면 온도가 평년보다 0.5도 이상 높은 상태가 5개월 지속되는 경우로, 특히 해수면 온도가 평년 대비 2도 이상 높은 경우가 슈퍼 엘니뇨)는 수천 년 이상 지속된 현상이지만, 기후 변화로 인해 강한 엘니뇨의 빈도가 증가했다. 국가별로 차이는 있지만, 이러한 기후 변화도 경제 성장률을 저해하고 인플레이션을 높인다. 기후변화에 취약한 국가는 인도가 대표적이다.

요약하면 세계화의 퇴행과 탄소중립 사회로의 전환, 기후 변화라는 구조적인 변수가 어우러졌고, 이러한 구조적 변화는 몇 년 만에 끝나기 어렵기 때문에 더 높은 인플레이션에 우리가 적응해야 할 것이다. 미국이라고 예외가 아니며, 더 높은 인플레이션은 더 높은 미국 금리와 더 높은 글로벌 금리를 초래할 가능성이 높다. 미국의 재정 적자도 무시할 수 없다. 2022~2023년의 달러화 강세는 이례적 현상이 아닐 수 있다.

달러화, 외화 자산에 투자하기 전에 명심해야 할 것들

미국 등 외국 주식에 투자하는 경우가 아니면 대개 미국채(ETF 포함)에 투자하거나 달러화, 엔화 등 예금을 들거나 아니면 달러화나 엔화 등 통화 그 자체를 사고 팔면서 환율 변동에 따른 이익만을 노리는 경우가 많다.

미국채 그 자체에 투자하려면 최소 투자 금액이 꽤 큰데, 미국채 ETF로도 비슷한 투자 효과를 낼 수 있으므로 미국채 ETF로 설명하겠다. 국내 상장된 미국채 ETF를 보면 종목명 끝에 'H'로 표시되어 환율 변동 위험(이하, 환위험)을 헤지한 상품도 있고, 환위험에 그대로 노출된 상품도 있다. 뭘 선택해야 할까.

우선 미국채에 투자하여 이익을 보려면 미국채 금리가 하락하여 미국채 가격이 상승하거나 환율이 상승해야 할 것이다. 만약 채권 가격과 환율의 방향이 상충되면 어떨까. 2022~2023년처럼 금리가 상승(미국채 가격 하락)하고 환율도 상승하는 케이스다. 환율 상승으로 이익을 볼 것 같지만, 금리 때문에 손실 볼 수 있는 상황이다.

미국채는 유일하지 않다. 채권은 만기가 있기 때문에 만기물만 보더라도 2년 만기 국채도 있고 10년 만기, 30년 만기 국채, 그 외 다양한 만기의 국채가 거래된다. 그런데 채권 가격 특성상 만기에 따라 금리 변화에 대한 민감도가 다르다. 2년 만기 국채보다 10년 만기 국채가 금리 변화에 따른 가격 민감도가 크다. 즉, 만기가 길수록 금리 변화에 따른 가격 변동이 커진다.

예를 든 케이스인 금리가 상승하고 환율도 상승한 경우, 국채가 2년 만기인지 10년 만기인지에 따라 결과가 다를 수 있다. 2년 만기라면 환율 상승분이 미국채 가격 하락을 상쇄하고 이익이 생길 수도 있지만, 10년 만기라면 동일한 금리 변화에 미국채 가격 하락폭이 더 커지므로 환율 상승분을 상쇄하기 어려워진다. 최상의 케이스는 미국채 금리가 절정에 도달했음에도 환율이 낮은 시기에 투자하는 것이 되겠지만, 쉽게 볼 수 없는 환경이다. 미국채 금리가 절정에 도달했는데 달러화가 저평가되어 있는 경우는 드물다.

그렇다면 어떻게 접근해야 할까. 우리가 외화로 표시된 자산에 투자하는 이유부터 생각해야 한다. 외화 자산은 기본적으로 표시 통화가 다르다. 그리고 통화가치는 기본적으로 경제 펀더멘털에 좌우된다. 즉, 해당 국가 경제의 기초 체력에 좌우된다는 얘기다. 국가별로 경제 체력이 좋을 때가 있고 나쁠 때가 있다. 시기적으로 다른 국가들과 경기가 비슷한 사이클을 타는 것처럼 보일 때도 있지만, 설사 비슷한 사이클을 타서 경기가 함께 좋아지거나 나빠져도 동일한 국가가 아니므로 온도차나 속도차가 생길 수밖에 없다.

따라서 자산을 표시하는 통화가 달라지면 자산의 성격 자체가 달라진다. 그래서 200단위(200만원이든 200억원이든)의 자산을 만들 때 동일한 자산에 올인하기 보다는 100단위의 A자산과 100단위의 B자산으로 배분하는 것이 내 전체 자산의 가격 안정성 측면에서 더 좋다. 상관 관계라는 재무 용어가 있는데, **동일한 자산끼리는 완전히 동일한 가격 움직임을 보이므로 상관관계가 1이고*** 완전히 반대되는 가격 움직임을 보이면 상관관계가 -1이다(예를 들면, 선물환과 같은 파생금융상품이 특정 자산과 -1

* 완전히 동일한 자산이 아니더라도 이러한 케이스가 있다. 홍콩 달러 HKD는 미 달러에 사실상 고정되어 있으므로 원화 대비 홍콩 달러와 미 달러 환율 그래프를 비교하면 사실상 같은 움직임이 나온다.

의 상관관계를 만들기 위해 고안된 상품이다. 선물환에 대한 설명은 PART3에 있다).

　동일한 자산도 아니고 특정 목적으로 고안된 파생금융상품이 아니라면 상관관계는 -1에서 +1 사이의 값을 가진다. 두 자산 간의 상관관계가 -1에서 0 사이의 값을 가지면 두 자산의 가격이 대체로 반대로 움직이는 것이고, 0에서 +1 사이의 값을 가지면 두 자산의 가격이 대체로 같은 방향으로 움직이는 것이다. +1에 가까워질수록 가격 움직임이 더 비슷해짐을 의미한다.

　외화 자산에 투자하는 이유는 내가 가진 원화 자산과 상관관계가 1이 아닌 다른 자산을 추가함으로써 내 전체 자산의 위험을 줄이는 동시에 수익률도 높이려는 것이다. 경험적으로도 한국 경제가 위기 국면을 맞았을 때 원화 가치가 하락하며 외국 자산의 가치가 높아지곤 했다. 즉, 우리가 들고 있는 원화 자산의 가격 하락 위험을 상쇄해주는 역할을 하는 것이 외화 자산이다. 따라서, 미국채에 투자하면서 환헤지한 상품을 선택한다면 구태여 외국 자산을 사면서 한국의 원화 자산으로 치환하는 것과 사실상 다를 바 없다.

　따라서, 환헤지 상품이 환율 변동 위험을 제거한다고 생각할 것이 아니라, 환헤지 상품은 외화자산에 투자하는 본연의 목적을 망각하고 그 긍정적 효과를 희석시킨 상품이라고 인식해야 한다. 미국채에 투자한다면 환헤지되지 않은 상품을 선택하는 것이 좋다. 다만, 미국 채를 단기에 사고 팔 목적으로 거래하는 투자자라면 운의 영역에 의존하는 선택이기에 달리 조언할 여지는 없지만, 금리 변화만 의식하고 거래하는 것이 편하다면 환헤지 상품을 선택할 수 있을 것이다.

달러화나 엔화 등 외화예금에 투자하는 경우는 환율 변동에서 생기는 이익과 금리로 생기는 복리 효과를 함께 누릴 수 있지만, 이때 부담하는 환전 수수료도 고려해야 한다. 또, 예금에 넣는 순간 다른 자산에 투자했을 때 얻었을 기회 이익도 포기해야 하므로, 숨겨진 비용이 된다. 물론, 자산 중의 일부를 외화예금의 형태로 보유하는 것은 개인 성향에 따라 합리적 선택일 수 있다.

달러화나 엔화 등 통화 그 자체에 환율 상승 이익만을 노리고 투자하는 경우도 있다. 이 경우는 만류하고 싶다. 환율 상승만을 노려 사고 파는 것은 쉬워 보이지만 보기만큼 이익 내기가 쉽지 않다. 언젠가는 손실을 보게 되어 있고, 몇 차례의 이익으로 자신감이 커졌을 때 더 큰 금액을 걸고 베팅하므로 그 이전의 이익을 지워버리고도 손실이 더 커진다. 쉽게 얻은 이익은 근거 없는 자신감을 키워주므로 베팅 금액은 커지기 마련이다. 가끔 이런 식으로 거래하는 자산가분들이 계시는데, 항상 끝이 좋지 않았다. 시도해볼 수는 있지만, 좋은 시도라고 보기는 어렵다.

이 챕터는 PART1 '어떤 것이 좋은 자산인가'에서 강조한 자산간의 궁합 측면과 내용이 통한다.

안전자산 투자, 달러화를 살까 엔화를 살까 금을 살까

안전자산을 찾는 투자자가 언젠가 한 번은 맞닥뜨리는 문제가 있다. 달러화가 좋을까, 엔화가 좋을까 아님 골드(gold)가 더 좋을까?

달러화는 명실상부한 기축통화이므로 보유해서 좋으면 좋았지, 나쁠 것 없다. 환금성 좋고, 무역에서의 쓰임새는 물론 달러화로 표시되는 미국 주식이나 미국채 등 투자할 금융자산도 풍부하다. 해외 관광지에서도 환영받는 통화다.

엔화도 대표적인 안전자산으로 기능하지만, 엔화는 일본의 대내외 금리 격차에 워낙 민감한 통화라서 금리 격차와 안전자산의 특성이 충돌하면 금리 차 영향력이 우선한다. 즉, 글로벌 주식시장이 하락할 때 안전자산 가격은 상승하는 것이 일반적이지만, 만약 주식시장 하락에도 불구하고 미국채 가격도 함께 하락하여 미국채 금리가 상승하면 일본의 대내외 금리 차가 확대되면서 엔화 가치는 하락한다. 인플레이션의 재림에 전 세계 주가와 채권 가격이 동반 하락(금리는 상승)한 2022년의 상황이 그랬다. 이런 상황에는 엔화가 안전자산의 행태를 보이지 않는다.

하지만, 엔화는 국제적으로 쓰임새가 세 번째로 많은 통화인 데다(두번째는 유로화) 일본이 한국과 지리적으로 가장 가까워 엔화가 저렴해지면 가볍게 여행 갈 목적으로 미리 사두는 개인이 많다.

골드는 국제 거래에서 달러화로 표시되고 거래에 사용되는 통화도 달러화다. 따라서 달러화 가격이 변하면 골드 가격도 영향을 받는다. 골드 가격에 시선의 초점을 맞추면 골드 가격이 변하는 것이지만, 달러화 가격에 초점을 맞추면 달러화 가치가 하락하기 때문에 골드가 상승하는 것이고, 달러화 가치가 상승하기 때문에 골드가 하락하는 것이다.

사실 골드는 그냥 누런 덩어리일 뿐이다. 사람들이 좋아하기 때문에 가치를 인정받는 것일 뿐, 우량 기업의 주식처럼 스스로 가치를 창출하고 성장하는 자산이 아니며 부동산처럼 임대료를 창출하는 자산도 아니다. 다만, 물가가 오르는 인플레이션 환경에서는 골드 가격도 상승하기 때문에 인플레이션 위험을 헤지(hedge, 위험을 회피)하는 기능이 있다는 점이 달러화나 엔화와 다르다.

시점에 따라 달라지는 선택: 달러화 vs 엔화

달러화나 엔화를 보유해야 마음이 편하겠다는 투자자들에게 달러화와 엔화 둘 중 선택의 문제에서, 일반적으로는 쓰임새가 가장 많은 달러화가 우선할 것이고 그 다음이 엔화다. 하지만, 시점에 따라 선택이 달라질 수 있다. 먼저, 분명히 해둘 것은 기본적으로 장기 투자자를 가정한 얘기다. 단기 투자자는 운에 많은 역할을 맡겨야 한다.

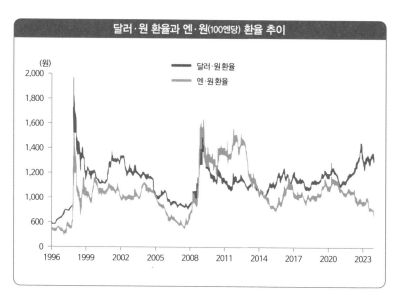

달러·원 환율과 엔·원(100엔당) 환율 추이

(원)
― 달러·원환율
⋯⋯⋯ 엔·원환율

2,000
1,800
1,600
1,400
1,200
1,000
600
0

1996 1999 2002 2005 2008 2011 2014 2017 2020 2023

자료: Refinitiv

　매입 가격이 저렴할수록 좋기 때문에 역사적으로 낮은 레벨일 때 훨씬 유리하다. 그러한 측면에서 시점상 달러화가 역사적으로 상당히 높은 레벨에 있고, 엔화는 (원화 대비) 몇 년 만의 최저 환율에 위치해 있는 시점에 선택한다면 달러화 매입을 미루고 엔화를 매입하는 게 더 좋은 선택일 수 있다. 인플레이션이 너무 높은 신흥국이 아닐 경우에는 길게 보면 환율은 거기서 거기라서, 역사적 관점에서 저평가된 통화는 언젠가 다시 상승할 가능성이 높고 고평가된 통화는 언젠가 다시 하락할 가능성이 높다.

국제 정세로 시야를 넓혀도 엔화는 상승 여력이 있다. 미·중 간의 갈등이 고조되고 대만이 전 세계의 화약고로 떠오른 2020년대의 상황을 고려하면, 유사시에 안전자산인 미국채에 대한 수요가 증가하면 미국채 금리가 하락할 것이다. 이는 곧 엔화의 강세로 이어진다.

골드 vs 미국 물가연동국채

골드 가격은 사람들의 선호에 달려 있고 인플레이션 환경에 영향을 받는다. 그런데, 골드 가격은 역사적으로 미국의 실질 금리와 반대로 가는 경향이 있어서 미국의 실질 금리와 비교하면 골드 가격의 방향성이 때로 눈에 보이기도 한다.

미국의 실질 금리를 보여주는 시장 가격이 존재하는데, 바로 TIPS 금리다. TIPS는 Treasury Inflation-Protected Securities의 약자인데, Treasury는 미국 재무부를 의미하므로 미국 재무부가 발행한 증권이며, 채권 성격이 물가에 연동되어 인플레이션으로부터 보호되므로 물가연동국채라 한다. 즉, TIPS 금리는 인플레이션이 제거된 실질 금리에 해당한다. 이 TIPS 금리가 골드 가격과 반대로 움직이는 경향이 있으므로 둘 중 하나의 y축을 뒤집어서 그래프를 그리면 두 가격의 상관관계가 한 눈에 잘 보인다. TIPS 금리가 오르면, 즉 미국의 실질금리가 오르면 골드 가격은 내리는 식이다.

TIPS 금리와 골드 가격 추이

자료: Refinitiv

　그런데, 2022년 이른 시점부터 이 두 가격 변수의 움직임에 갑자기 큰 격차가 생겼다. 그 결정적 계기는 우크라이나 전쟁이다. 전쟁이 인플레이션을 초래하기도 하지만, 러시아가 우크라이나를 침공하자 미국과 유럽을 중심으로 러시아 경제와 금융을 제재하면서 러시아와 거래할 때 우회하려는 국가들이 많아졌다. 이 나라들이 골드를 집중적으로 매입하면서 골드 가격 상승에 기여한 것으로 해석된다. 그래프상으로는 미국 실질 금리에 비하면 골드 가격이 과대평가된 것이라서 언젠가는 이 격차가 해소될 수 있다. 그 해소 과정에는 골드 가격이 그대로 머물러 있고 미국 실질 금리가 움직이는 것이 아

나는 달러로 경제를 읽는다

니라, 그 반대로 골드 가격이 뒤늦게 미국 실질 금리 움직임을 반영할 가능성이 높다고 본다.

골드 투자를 고민하는 분이라면 필자의 논리에 마음이 편치 않을 수 있다. 그렇다면 대안이 있을까. 바로 미국 물가연동국채 투자가 대안이 될 수 있다. 금리가 오르면 채권의 물가연동 여부를 불문하고 채권 가격은 반대로 내린다. 금리가 올랐을 때, 원래 떨어졌어야 할 골드 가격이 덜 떨어지고 과대평가된 상태라면 금리가 상승할수록 하락한 물가연동채권 가격은 골드에 비해 매력적 수준이 된다. 골드에 투자했을 때 노리는 가격 상승은 물가연동채권의 금리가 내릴 때 나타나므로, 금리 하락시 가격이 상승하는 물가연동채권 가격의 움직임에 대응된다. 즉, 골드 가격과 물가연동채권 가격은 함께 가는 경향이 있는데 위의 그래프처럼 골드 가격이 과대평가됐다고 생각해서 골드 투자가 망설여지면 물가연동채권 투자가 대안이 될 수 있다.

한편, 국내 골드 가격은 국제 골드 가격과 달러·원 환율에 모두 영향을 받는다. 국제 골드 가격이 달러화 기준으로 표시되니, 국내 골드 가격에는 달러·원 환율이 개입될 수밖에 없다. 그렇다고 복잡해지는 것은 아니다. 국내 골드 가격은 국제 골드 가격 움직임과 꽤 유사해서 달러·원 환율까지 생각하며 골치 아파할 필요가 없다. 그냥 국제 골드 가격 움직임과 같이 간다고 간주해도 큰 무리가 없다.

국제 금 가격과 국내 금 가격 추이

($/트로이온스) (천원/g)

— 국제금가격(좌)
— 국내금가격(우)

자료: Refinitiv

장기 수익 관점에서도 좋은 투자 대상일까?

그러나, 원론적 관점에서 바라보면 투자 목적으로 달러화나 엔화를 사는 것은 고민해 볼 필요가 있다. 다른 우량 자산과 비교했을 때 달러화든 엔화든 통화 자체에 투자하는 것은 단지 환율 상승 시 얼마 되지 않는 이익과 마음의 위안 외에 얻을 것이 없기 때문이다. 골드는 심지어 이자수익도 없고 스스로 가치를 창출하는 자산이 아니므로 장기 투자에 그다지 적합하지 않다. 따라서, 노련한 투자자들은 단지 투자 대기 자금으로 달러화나 엔화를 짧게 보유할지언정, 투자 대상 자체로 보지 않으며 골드도 장기 보유하지는 않는다.

여행용 자금이나 단기 대기성 자금 외 용도로 통화를 대규모 보유하는 것은 좋은 선택이 아니므로 개인 자산의 많은 비중을 할당하지 않는 것이 좋다. 그래서 노련한 투자자들은 투자 목적으로 달러화나 엔화 통화 자체를 보유하기보다는 달러화나 엔화로 표시된 금융자산을 보유한다. 미국 주식, 미국채, 일본 주식, 이들을 추종하는 ETF, 외국 부동산 등을 예로 들 수 있다. 물론, 투자한 전체 포트폴리오에서 달러화나 엔화, 골드를 일부 보유하는 것은 자산 간 상관관계를 낮춰 전체 포트폴리오를 보호하는 기능이 있으므로 높지 않은 비중으로 일부 포함하는 것은 합리적 선택일 수 있다.

한편, 안전자산으로 달러화나 엔화를 찾는 분들은 예·적금도 선호하는 경향이 있다. 투자라는 영역이 워낙 막연하기에, 일반인들은 예·적금이 답이라는 생각을 많이들 한다. 하지만, 예·적금은 원금이 보장된다는 이점에도, 고수익의 기회 자체가 없다는 것이 문제다. 예적금만으로 자산을 불리겠다는 생각은 현실적이지 않다. 위험이 적으면 높은 수익도 기대하기 힘들다.

예·적금은 안전한가?

예·적금이 안전하다는 전제는 인플레이션이 합리적 수준을 벗어나지 않을 때다. 우리 세대에게 인플레이션은 항상 합리적 수준에 있었다. 하지만, 지금 이 시대에도 세계 어딘가에는 만성적이고 지독한 인플레이션에 허덕이는 나라들이 있다. 터키가 그렇고 아르헨티나는 더 심각하다.

높은 인플레이션은 상대적인 통화가치 하락을 의미한다. 즉, 다른 나라들과 비교해 한국의 인플레이션이 높아진다면 상대적으로 원화 가치는 하락한다. 달러화 가치가 신흥국 통화 대비 장기적으로 상승하는 것은 해당 신흥국들의 인플레이션이 대부분 기간에 미국보다 훨씬 높은 탓이 크다. 장기적으로 통화가치 변동에 가장 설명력이 높은 것은 인플레이션이다. 물론 예외도 있다. 베트남은 인플레이션이 높지 않지만 최대 무역상대국인 중국 위안화의 영향이 커지면서 장기간 통화가치가 하락했다.

문제는 우리나라가 전 세계에서 가장 낮은 출산율로 가장 빠른 인구 고령화를 겪으면서, 미래 사회보장 금액이 급증하고 재정 부담 역시 급속히 증가할 것이 뻔하다는 것이다. 여기에 포퓰리즘이 결합하면 인플레이션과 통화 가치 하락은 걷잡을 수 없이 진행될 수 있다. 가까운 미래는 아니겠지만, 언젠가 터키와 아르헨티나처럼 만성적인 인플레이션과 통화가치 하락을 겪지 말란 법이 없다.

1997년 외환위기와 2008년 글로벌 금융위기를 비교적 빠르게 극복한 대한민국이지만 미래는 보장되어 있지 않다. 먼 미래에 대한 불안감은 합리적인 의심일 수 있다. 그렇다면 인플레이션 위험을 방어해 줄 해외 자산을 미리 보유하는 것이 현명한 대응이다. 이렇게 장기적 관점에서, 달러화나 엔화 통화 자체를 보유하는 것보다는 해당 통화로 표시된 금융자산이 좋을 것이다.

자산 배분 관점에서 외화 자산의 유용성

내 자산을 배분하는 관점에서도 서로 가격 움직임의 상관관계가 낮은 자산을 추가할수록 좋다. 외화 자산들은 통화 자체가 가진 특성 차이로 인해 기본적으로 원화 자산들과 상관관계가 낮다. 따라서, 외화자산을 내 자산에 편입시킬 경우 내 전체 자산의 위험은 낮아지고 수익을 높이는 효과가 있다. 즉, 한국 부동산이나 한국 주식 등 원화 자산만을 보유한 투자자라면 외화로 표시된 금융자산을 보유하는 것이 장기적으로 현명한 선택이다.

원화 자산(가령, 코스피 지수) 보유자가 외화 자산을 함께 보유하게 되면 전체 자산의 평균 수익은 높아지고 위험이 낮아질 수 있다. 다만, 외화 자산에 투자하면서 환헤지 상품을 이용하는 행위는 외화 자산을 원화 자산으로 치환하는 효과를 내므로 해외 투자의 의미를 훼손할 수 있음을 앞에서 지적했다. 단기 투자가 아니라면, 위험한 신흥국 자산에 대한 투자가 아니라면 환헤지는 하지 않는 것이 낫다.

달러에 관심 커지는 시기 vs 투자에 적합한 시기

사람들이 달러화 투자에 관심이 커지는 시기가 있다. 언제일까.

이익을 최대화하려면 달러화 가격이 가장 낮을 때 투자하는 것이 정석이다. 현실에서도 사람들은 그렇게 하고 있을까. 유감스럽게도 그렇지 않다.

투자의 세계는 만만한 곳이 아니다. 이리 휘둘리고 저리 휘둘리기 쉽다. PART1에서 주식시장을 설명할 때, 사회적 증거라는 심리학 용어를 제시하며 실험카메라 영상을 예로 들었다. 주식에만 적용되는 것이 아니다. 달러화에 투자할 때도 이러한 사례가 흔하다.

사람들이 달러화에 대한 관심이 커지는 시기는 안타깝게도 달러화가 가장 저렴할 때가 아니라 눈에 띌 정도로 상승한 이후다. 그래야 언론에서도 보도를 하고 주변에서도 언급하기 시작한다. 사실 달러화가 상승하는 초기에만 투자해도 늦지 않다. 하지만, 상승하는 초기에는 결단하고 투자를 결정하기 쉽지 않다. 달러와 환율에 대해서는 아는 사람들이 드물고, 그럴듯하게 설명해 주는 사람을 찾기 힘들기 때문이다. 결국 주변에서 투자하는 사람들이 보이고 사회적 증거가 꽤 뚜렷해진 다음에야 뛰어들 용기가 생긴다.

그래서, 막상 달러화에 투자하고픈 마음이 생겼을 때는 이미 투자하기에 늦었을 가능성이 높다. 하지만, 설령 늦었을지언정 없는 셈치고 소액만 투자해보자는 생각으로 접근할 수 있다. 결과를 떠나서 초보자라면 이러한 시도는 나름대로 합리적 선택이 될 수 있다. 하지만, 정석은 다시 달러화가 매력적인 수준으로 떨어질 때까지 긴 기다림의 시간을 가지는 것이다.

달러화 정기예금처럼 자연스럽게 분할 매수하는 방법도 있다. 또는 미국채(직접 투자)나 미국채 ETF를 분할 매수하는 방법으로 투자할 수도 있다. 달러화는 강세이고 엔화가 약세인 기간에는 일본에 상장된 미국채 ETF를 투자하는 것도 대안이 될 수 있다(2022~2023년에 국내 투자자들 사이에 유행했다. 단기 수익을 노렸다면 낭패를 봤겠지만 장기 관점에서는 합리적 선택이라는 생각이다). 물론, 주식 등 위험자산처럼 고수익을 바라기는 힘들다는 점을 유념하고 안전자산을 일부 보유한다는 관점으로 접근하는 것이 좋을 것이다.

투자에 적합한 시기는 달러 관련 보도가 많아지는 시기, 달러 투자자가 많은 시기가 아니라는 점을 명심하자. 그 반대로 달러 관련 보도가 줄어든 시기, 달러 투자가 유행하지 않는 시기다.

시장 전망에 따라 대응이 달라야 할까

사람들은 금융 관련 의사 결정을 하기 전에 특이한 공통된 행동을 한다. 다들 시장 전망부터 묻고 전망을 파악하려 한다. 의사 결정을 하기 전에 자연스러운 일이다.

자연스러운 현상이긴 하지만, 이 과정이 바람직한 것인가는 다른 문제다. 바람직한 행위일까.

달러나 환율은 물론이고 주가나 금리 등 시장 전망을 금융 종사자에게 묻든, 보다 더 전문적인 사람에게 묻든 전망의 정확성에 사실상 차이는 없다. 전문가는 과거와 현재를 스토리로 풀어내고 설명하는 데 능숙한 사람이지, 미래를 예측하는 데 뛰어난 전문가는 있을 수 없다. 어디까지나 현재의 증거에 의존해 미래를 예측할 수밖에 없고, 엄밀하게 따지면 일반인과 전문가의 예측 능력에는 별 차이가 없다. 전문가의 얘기가 그럴 듯하게 들릴 뿐이다.

그렇다면 전망을 토대로 의사 결정하는 것이 이상하지 않은가. 전망이 맞을 확률 반, 틀릴 확률도 반인데 전망을 토대로 결정하는 것이 맞을까.

그래서 의사 결정은 전망과 상관없이 자신의 손실을 줄이는 데 초점을 맞춰야 한다. 즉, 전망과 대응을 분리하는 것이 더 합리적이다.

예를 들어 달러를 한 달 내 매입해야 해서, 환율이 내리길 바라는 사람이라고 해 보자. 환율이 오르면 금전적으로도 손해를 보지만, 그 심리적 타격은 내렸을 때 기쁨보다 2배 이상 크다는 것이 행동경제학적 결과다. 따라서 대응, 의사 결정은 손실을 줄이는 데 초점을 맞추는 것이 좋다.

신중한 스타일의 사람은 한 달 내 달러를 매입할 일이 있을 때, '몇 원만 더' 하락하기를 바라며 조금 더 기다려보는 식으로 대응하다가 결국 한 달이 지나 선택의 여지가 없어졌을 때 사게 되는 일이 흔하다. 이럴 때 적절한 대응 방법은 살까 말까 고민될 때 일단 일부라도 사서 남은 포지션, 남은 위험을 줄인 다음에 그 남은 포지션을 가지고 또 고민하는 것이 적절하다. 팔 때도 마찬가지다.

한국의 다음 경제 위기는 어떤 형태일까

시진핑 시대, 중국 민간 부문에 대한 국가의 강력한 통제를 아직 낯설게 느끼는 이들이 많다. 현대적 중국의 토대를 닦은 덩샤오핑이 열어 젖힌 개혁·개방 정책이 우리 머릿 속에 깊이 각인되어 있기 때문일 것이다. 불과 몇 년 전까지 중국이 서구식 현대화 및 민주화 과정을 거칠 것이라 막연히 기대한 시각도 있었지만, 현재 시점에서 중간 평가를 한다면 그 시각은 틀렸다.

진 나라가 춘추전국시대를 통일한 이래, 중국은 중앙 정부가 강력한 권력을 누리며 광대한 영토에 불구하고 꽤 효과적이고 잘 통제된 조직 관리 능력을 보였다. 하지만 역사의 아이러니일까, 산업혁명 이

전까지 서구에 비해 앞선 문명을 지니고 있었던, 지폐를 가장 먼저 발명해 세계 금융 역사에 한 획을 그은 중국이 국채를 유럽에 한참을 뒤처져서 19세기에 와서야 처음 발행한 것은 도리어 국가에 강력한 힘과 자본이 집중되었기 때문이었다.

국채의 등장 배경과 현재

12세기 이탈리아에서 국채가 처음 등장한 배경은 약소한 도시 국가들이 전쟁 자금을 마련하기 위해 민간의 투자자들에게 돈을 빌려 쓰고 나중에 갚기로 약속한 것이었다. 반면, 민간 경제까지 많은 부분을 장악했던 중국은 굳이 국채를 발행하여 돈을 빌려 쓸 필요가 없었다.

서구에서 급성장한 국채 시장은 오늘날에 이르러 주식시장과 함께 막대한 자본을 빨아들이는 거대 자본시장의 요체다. 그 중에 가장 발달한 국채 시장은 미국인데, 미국채에 대한 전 세계 자본의 끊임없는 수요를 누리며 신나게 빌려 쓴 대가로 2023년 8월에 미국이 뒤통수 맞는 일이 발생했다.

생뚱맞게 미국 신용등급이 강등된 것이다. 미 정부의 신용을 위협하던 연방 정부 부채 한도를 둘러싼 의회의 대치가 이미 몇 달 전에 해결된 뒤라서 뜬금포 성격이 강했다. 미국채의 신용등급을 AAA에서 AA+로 내린 신용평가사 피치(Fitch)가 그 배경으로 제시한 것은 향후 **미국의 재정 악화와 국가 부채 부담 증가, 거버넌스** (Governance) **악화** 등이다. 거버넌스 악화는 지난 20년간 연방 정부의 부채에 대한 법정 한도를 두고 의회가 벼랑 끝 대치와 극적 해결을 무한 반복한 것을 의미한다.

미국 신용등급 강등이 한국에 시사한 것

그런데, 피치가 미국 신용등급 강등의 이유로 제시한 내용을 곱씹어 봐야 한다. 미래에 한국 정부가 마주할 운명이기 때문이다. 피치는 미국 정부 재정적자가 2022년 국내총생산(GDP) 대비 3.7%에서 2023년 6.3% 수준으로 증가할 것으로 예상하고 '연방정부 세수 감소와 재정 지출, 이자 부담 증가 때문'이라고 강등의 이유를 지목했다. 여기에 더해 '재정 개혁이 없는 한 향후 10년간 금리 상승과 부채 증가로 인해 이자 상환 부담이 증가하고 인구 고령화, 의료비 상승으로 고령층에 대한 지출이 증가할 것'이라고 덧붙였다.

같은 표현을 한국에 대입해도 전혀 이상할 것이 없는 내용이다. 전 세계에서 가장 심각한 저출산과 빠른 인구 고령화로 골머리를 앓는 한국의 미래가 불투명하다는 지적은 이제 단골 이슈다. 진짜 문제는 이를 해결하는 것이 무척 어렵다는 것이다. 눈 앞의 표에 목마른 정치 생태계는 조세 저항에 맞설 동기가 부족하고 예산 남발의 유혹을 떨쳐내기 어렵다. 재정준칙 도입은 물론 재정 개혁이 어려울 수밖에 없다. 한 번 늘어난 지출을 줄이기 어려운 것은 가계 살림에만 적용되는 것이 아니며 나라 살림에도 해당한다.

언젠가 한국이 다시 경제 위기를 맞는다면

격년마다 장기 재정전망을 업데이트하는 국회예산정책처의 전망, 《2022~2070년 NABO 장기 재정전망》을 눈여겨 볼 필요가 있다. 한국의 인구 구조 변화는 **잠재 성장률의 하락**뿐 아니라 **세입 기반 약화**와 **복지 지출 증가**를 수반한다.

본 전망에 따르면, 지난 10년간의 GDP 대비 재량지출 비율이 유지된다는 현실적 가정을 할 경우(인용한 자료의 시나리오 1에 해당) 한국의 국가채무 비율은 2070년에 이르면 192.6%에 달한다[다음 그림]. 이 비율에는 한국전력 등 비금융 공기업 부채는 포함되지 않으므로, OECD 회원국 중 공기업 비중이 높은 한국 정부가 미래에 떠맡게 될 실질적 부담은 훨씬 더 크다고 봐야 한다. 사실상 국가 재정이 파탄에 이른 아르헨티나에 비교하면 암울한 전망이다.

미래에 한국이 다시 경제 위기를 겪게 된다면 1997년의 IMF 외환위기와는 성격이 다를 것이다. 신흥국의 경제 위기는 전형적으로 2가지 경로가 있는데, 하나는 금융을 자유화하고 글로벌화하는 과정에 싹트며 대표적 사례가 1990년대 말 우리가 겪은 한국의 외환위기다. 다른 경로는 국가 **재정의 불균형, 재정 파탄에 따른 위기**이

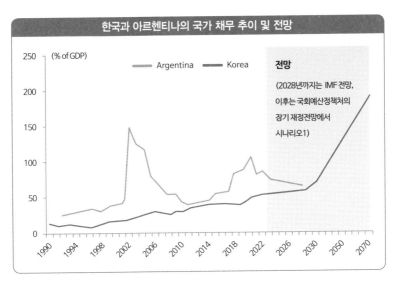

한국과 아르헨티나의 국가 채무 추이 및 전망

250 (% of GDP)

······ Argentina ── Korea

전망
(2028년까지는 IMF 전망,
이후는 국회예산정책처의
장기 재정전망에서
시나리오1)

200

150

100

50

0

1990 1994 1998 2002 2006 2010 2014 2018 2022 2026 2030 2050 2070

자료: IMF, 국회예산정책처
주(註): 위 그래프에서 timeline에 해당하는 x축을 보면 1990~2030년과 2030~2070년은 각기 40년의
기간임에도 그래프상 길이는 다름을 유념하기 바란다. 즉, 2030년 이후 기간을 축소해서 그렸으
므로 실제 정상적인 그래프라면 시간에 따라 올라가는 기울기 자체는 훨씬 완만해질 것이다.

며 대표적으로 아르헨티나 등 중남미 국가들이 겪은 사례다.

한국이 비록 현재는 선진국 범주에 포함되는 경우가 더 많지만
1980년대까지 높았던 아르헨티나의 위상과 비교하면 꽤나 비슷한
구석이 있다. 한국이 미래에 경제 위기를 다시 겪으면 재정 불균형에
서 초래될 가능성이 높다고 판단한다.

한국의 미래를 걱정하는 투자자에게 가능한 대안
한국 경제의 미래를 비관적으로 바라보는 자산가들이 이러한 유

형의 위험에 개인적으로 대비를 하고 싶다면 어떤 대응이 필요할까.

어렵게 생각할 필요 없다. 한국의 미래 경제 위기는 원화 자산의 가치를 훼손할 것이고 이에 따라 외화 자산의 상대적 가치는 상승할 것이다. 따라서 내 자산을 안정적으로 유지하고 싶으면 한국의 원화 자산을 가진 만큼의 외화 자산을 보유하는 것이 적절한 대안이 될 것이다. 기본적으로 통화 자체가 다르면 상관관계가 낮으므로, 자산 포트폴리오에 다른 통화 표시 자산을 포함시키면 자산 전체의 안정성을 제고하는 데 유용하기 때문이다.

달러화를 향한 중국의 도전, 얼마나 위협적인가

달러화의 기축통화 위상 때문에 미국이 전 세계의 돈줄을 쥐고 있는 것이나 마찬가지라고 설명했다. 미국에 대항하거나 불편한 관계에 있는 국가들을 혼내주려 달러화를 무기화하기도 한다.

가까운 사례로는 러시아가 2022년 2월 우크라이나를 침공한 뒤, 미국과 유럽이 러시아를 향해 조치한 대대적인 경제 및 금융 제재로 달러화에 대한 접근을 차단한 것이 있다. 사실 러시아를 향한 제재는 2022년에 갑자기 취해진 것이 아니다. 2014년에 러시아가 우크라이나 남부의 크림 반도를 강제 병합하면서 시작됐다.

그렇다면, 미국에 도전하며 '중국몽'을 부르짖는 중국 입장에서는 미국이 자국을 향해서도 얼마든지 달러화를 무기로 사용할 수 있다고 생각하고 대비하지 않을까. 게다가 1989년 천안문 사태 당시 중국은 이미 미국과 유럽으로부터 경제 등 다방면에서 제재를 받은 경험이 있다.

이러한 맥락에서 2023년 3월, 중국의 연례 행사인 양회에서 전인대(전국인민대표대회)가 제시한 개혁 방안이 주목받았다. 정부에 해당하는 국무원의 중요 기능 중 일부를 공산당으로 이관했는데, 해당 기능을 공산당이 직접 챙기겠다는 것으로 해석됐다. 공산당으로 이관하는 기능에는 반도체 공급망과 금융 감독 부문이 포함되었는데, 유사시 무기 생산에 필수적인 반도체를 확보하고 달러화 접근 차단 등 금융 제재에 대비해 리스크를 관리하고 예방하려는 포석으로 풀이된다. 세계의 화약고가 되어 버린 대만을 두고 향후 미국과 중국이 충돌시, 미국과 유럽 등의 경제 제재를 대비하기 위한 것이다.

이와 함께 대내외적으로 달러화 의존도를 낮추고 위안화 활용도를 높이는 정책도 병행하고 있다. 2023년 파키스탄은 러시아 원유를 구매할 때 중국의 지원 하에 달러화가 아니라 위안화로 결제했고 브라질은 중국과 상호 무역과 투자에서 달러 대신에 중국 위안화 또는 브라질 헤알화로 직접 거래하기로 합의하고 실행했다. 중국의 독자적 국제 위안화 결제 시스템을 활용하기로 했다.

중국은 아랍에미레이트(UAE)와 LNG(액화천연가스) 거래에도 달러화가 아닌 위안화로 거래하는 데 성공했고, 사우디에서 원유를 수입할 때도 위안화 결제를 추진하고 있는데 사우디가 미·중간 줄타기를 하고 있어 2023년 현재 위안화 결제에 진척은 없는 상황이다.

이러한 시도들은 브릭스(BRICS)* 의 외연 확장과 함께 시도되고 있는데 이미 2023년에 사우디와 이란

＊ 신흥 경제 5개국: 브라질, 러시아, 인도, 중국, 남아프리카공화국

등 6개국이 브릭스에 추가 가입했다. 가입 희망국이 40여 개국이 넘는다는 로이터 통신의 보도도 있었다.

중국은 브릭스를 통해 회원국간 '공동 통화' 도입 논의를 주도하고 있다. 2023년 현재 유럽 20개국이 공동으로 쓰는 유로화 같은 국제 통화를 꿈꾸는 것이다. 다만, 러시아를 빼면 인도, 브라질, 남아공 등 미국과의 관계를 무시할 수 없는 회원국들의 이해 관계가 일치하지 않아 중국 뜻대로 공동 통화 도입이 순조롭게 진행되지는 못하고 있다. 대신 위안화 활용도가 높아지고 있는데 어디까지나 일부 무역에 국한된다.

그런데 달러화의 기축통화 지위는 단지 다수 국가들의 합의만으로 빼앗아 올 수 있는 것이 아니다. **달러화의 진정한 힘은 깊고 넓으며 개방적이고 고도화된 미국 금융시장과 자본주의 시스템에 있다.** 미국채 시장과 미국 주식시장, 다양한 파생금융상품 등을 떠올려보라. 돈은 단지 무역하는 데만 쓰이는 것이 아니다. 국경간 돈의 흐름은 무역 거래보다 자본 거래에서 창출되는 규모가 훨씬 크다. 국

제적 자본의 흐름은 선진국 자본이 많은 비중을 차지할 수밖에 없는데, 선진국들에 비친 신뢰할 수 없는 중국의 이미지나 예측하기 힘든 중국의 정책, 점점 더 국수주의적 성향이 강해지는 중국의 현실은 생각보다 큰 걸림돌이다.

지금 아무리 미국 경제와 달러의 기축통화 시스템에 문제가 많아 보여도 이 균형 상태에서 벗어나는 것은 상당기간 쉽지 않으리라는 것이 지배적인 시각이다. 지난 20년간 중국이 한국의 최대 무역 파트너였음에도 한국 기업들이 중국 기업과 무역에서조차 달러화 결제 비중이 압도적으로 높은 현실도 달러화 위상의 굳건함을 보여주는 하나의 단면이다.

Part 3

기업인과 기자를 위한
달러화 특강

1장
대내외
균형과 환율

업무적으로 기업들이나 기자들에게서 다양한 질문을 받는다. 이번 섹션은 그 질문들에서 착안해 구성한 내용들이다.

무역수지와 경상수지, 그리고 환율

주의를 기울이지 않으면 잘 구분되지 않는 것이 무역수지와 경상수지다. 둘 다 환율과 밀접한 지표라는 공통점이 있다. 경상수지는 앞부분 PART1에서 설명한 바 있다.

경상수지를 구성하는 항목 중에 상품수지는 상품 수출입 거래를 계상한 것이므로 무역수지와 개념상 유사하다. 우리나라가 해외로 부터 벌어들인 이익이나 손실을 포괄적으로 나타내는 개념은 경상수지다. 경상수지에는 상품의 수출·수입(상품수지에 해당) 뿐만 아니라 우리가 해외여행 가서 쓰는 돈과 외국인이 한국에 여행 와서 쓰는 돈의 수지(서비스 수지의 일부), 외국인이 한국에서 받아 가는 배당·이자와 한국인이 해외에서 받는 배당·이자(본원소득수지), 무상 원조(이전소득수지) 등이 포괄적으로 계상된다. 그렇다면 개념상 상품수지와 무역수지는 같아야 할 것 같지만 그렇지 않다. 집계하는 기준이 다르기 때문이다.

무역수지는 관세청에 통관 신고가 등록되는 것을 기준으로 한다. 그래서 국내 기업이 해외 자회사의 공장에서 생산한 제품을 그대로 해외에 판매(가공무역 수출)한다면 상품수지에 잡히고 무역수지에는 잡히지 않는다. 중계무역 수출도 관세를 부과받지 않으므로 상품수지에는 잡히고 무역수지에는 잡히지 않는다. 중계무역 수출이란 수출을 목적으로 수입한 물품 등을 관세가 적용되는 국내에 반입하지 않고 **보세구역*** 등에 반입하여 그 물품을 보관하거나 가공한 뒤 수출하는 방식이다. 또, 선박의 경우 관세선을 통과하는 시점과 소유권 이전되는 시점이 다르기 때문에 무역수지와 상품수지에 계상되는 시점에 차이가 생긴다.

* 수입 절차나 수출 절차를 밟지 않은 화물을 관세를 매기지 않은 채 놓아둘 수 있는 지역

그런데, 경상수지나 무역수지 통계가 발표되면 간혹 그 결과를 환율에 결부시켜 질문하는 기자분들이 있다. 예를 들면, '경상수지 적자가 발표된 것이 오늘 환율에 상승 요인으로 작용했나요?' 하는 식이다. 그런데 경상수지 발표는 최소 한 달이 지난 후에야 발표된다. 7월 한 달 간의 경상수지가 9월 초순에나 발표되는 식이다. 이미 한 달 넘게 지나간 과거의 지표가 환율에 영향을 미친다고 보는 것은 무리다. 한국의 경상수지는 상품수지의 비중이 압도적으로 높으므로 상품수지로 단순화해서 생각하는 것도 방법인데 수출입 환경은 시장 가격에 미리 반영된다. 즉 해외 바이어의 주문 물량이 증가 또는 감소하거나 아니면 반도체 등 제품 단가가 하락하거나 상승하는 상황을 시장이 그때마다 신속히 감지하므로, 이미 한 달 넘게 지난 지표에 환율이 반응한다고 보기는 어렵다. 그나마 무역수지는 한 달 간의 통계를 바로 다음달 첫 날 발표하는 데다, 매달 1~10일, 11~20일 통계를 익일(휴일 제외) 발표하므로 시간차가 작기라도 하다.

따라서, 경상수지나 무역수지에 영향을 주는 요인인 수출 주문량이나 제품 단가 변동 등 수출 경기의 변화가 즉각 환율에 영향을 미친다고 보는 것이 적절하며, 지연되어 발표되는 경상수지나 무역수지 발표 자체가 환율에 영향을 준다고 생각하면 무리가 따른다.

외화예금 추이와 환율

외화예금 자료는 한국은행이 매월 발표한다. 여기서 외화예금은 외국환은행의 거주자외화예금을 뜻하는데 구체적으로는 내국인과 국내기업, 국내에 6개월 이상 거주한 외국인, 국내에 진출해 있는 외국기업 등의 국내 외화예금이다.

한국은행이 외화예금 자료를 발표한 당일에 경제 전문 기자가 '환율에 미치는 외화예금의 영향을 코멘트해 달라'는 요청을 한 적이 있다. 환율이 많이 움직여 관심이 커진 시기였다. 그런데, 이 질문은 관계를 뒤집어서 묻는 것이 더 적절하다. 외화예금 변동이 환율에 영향을 미치기보다는 환율 변동이 외화예금의 변동에 영향을 미치는 것이 현실이기 때문이다.

환율이 상승하는 기간에는 외화예금이 감소하고, 환율이 하락하는 기간에는 외화예금이 증가하는 경향이 있다. 기업이든 개인이든 외화를 보유한 경제 주체들이 환율이 상승하면 달러화를 매도하고, 환율이 하락하면 달러화 매도를 늦추며 좀 더 기다려보자는 태도를 취하거나 수요자가 달러화 매입을 늘리기 때문이다. 즉, 외화예금은 환율 움직임에 따른 종속 변수의 성격이 짙어서, 외화예금의 추이가 환율 방향성에 영향을 준다고 생각하지 않도록 주의해야 한다.

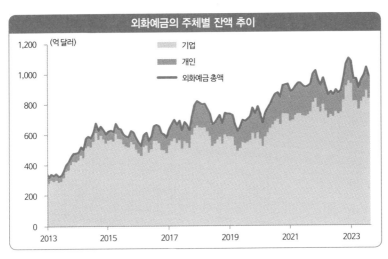

외화예금의 주체별 잔액 추이

(억 달러)

기업
개인
외화예금 총액

자료: 한국은행

그러나, 외화예금이 장기적으로 증가하고 있는 것은 다른 관점에서 봐야 한다. 즉, 환율이 하락하기 때문에 외화예금이 증가하고 있는 것이 아니다. 오히려 그래프에 보인 지난 10년 동안, 달러화는 장기적으로 상승했다.

외화예금이 장기적으로 증가한 것은 국내 경제 주체들의 투자 스펙트럼 확대, 해외 투자 증가와 결을 같이 한다. 2015년에 정부가 해외 투자 활성화 대책을 낸 이후 국내 자본의 해외 투자는 비약적으로 증가했다. 축적되는 경상수지 흑자가 해외 투자의 종잣돈이 됐고 국민연금 등 연기금으로 유입되는 불입액의 증가도 해외 투자로 연결됐다. 미국 주식 등 해외 투자를 위해 증권사에 예치된 투자자 예

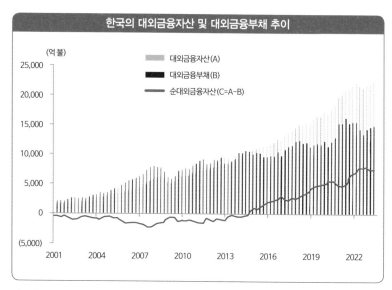

한국의 대외금융자산 및 대외금융부채 추이

대외금융자산(A)
대외금융부채(B)
순대외금융자산(C=A-B)

자료: 한국은행

탁금도 함께 증가했다. 2014년 하반기부터는 순대외금융자산이 플러스로 전환되면서 한국도 자본 수출국이 됐다.

　한국 자본이 해외 주식, 채권에 투자한 잔액은 대외금융자산으로 잡히고 외국인이 국내 주식, 채권에 투자한 잔액은 대외금융부채로 잡힌다. 따라서, 순대외금융자산이 양(+)의 숫자이면, 외국인이 국내에 투자한 잔액보다 한국이 해외 투자한 잔액이 더 크다는 의미다. 그리고 대외금융자산이나 대외금융부채 잔액의 증감은 투자한 원본 금액의 증감 때문일 수도 있고 투자한 자산의 평가액 증감 때문

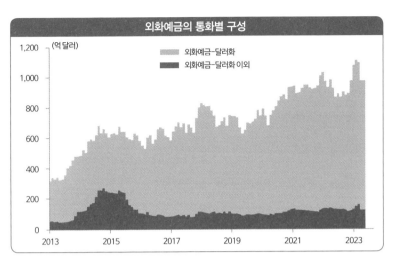

외화예금의 통화별 구성

(억 달러)

■ 외화예금-달러화
■ 외화예금-달러화 이외

자료: 한국은행

일 수도 있다. 현실에서는 투자 원본의 증감과 평가액 증감이 모두 영향을 미친다.

한편, 국내 외화예금에서 달러화가 차지하는 비중도 압도적으로 높다. 2023년 8월 말 기준 83.8%에 해당하며 그 다음으로 엔화가 8.4%를 차지한다. 그래프에 보인 지난 10년간의 외화예금 증가도 달러화 예금의 증가 때문이다. 한국 기업의 수출에서 달러화 결제 비중이 90%를 넘고 한국 자본의 해외 투자가 미국에 집중되는 것과 무관하지 않다.

한편, 외환보유액은 환율 변동성이 커졌을 때, 이를 완화시키는

217

데 활용하므로 달러화가 상승하는 시기에는 감소하는 경향이 있다. 이렇게 감소한 외환보유액은 반대로 달러화가 하락하는 시기에 다시 보충하게 되므로 증가하는 경향이 있다. 2023년 8월 말 기준 한국의 외환보유액은 4,183억 달러 수준이다. 2021년 10월 말 4,692억 달러에 달한 뒤 달러화 강세가 지속되면서 다소 감소했다.

그렇다면, 적정 외환보유고는 얼마일까?

적정 외환보유고는 얼마인가

한국 경제가 위기를 맞은 1997년, 한국의 외환보유고는 사실상 바닥을 드러냈다. IMF의 권고를 울며 겨자 먹기로 받아들여야 했고, 혹독한 구조조정을 거쳐 한국 경제는 다시 성장 궤도에 올랐다. 그리고 외환위기를 교훈 삼아 외환보유고도 넉넉하게 축적했다.

2008년 글로벌 금융위기 직전에는 외환보유고를 적절히 쌓았다는 평가였다. 하지만, 글로벌 금융위기의 충격을 흡수하기에는 역부족이었다. 당시 전 세계 통화들과 비교하면 원화에 대한 달러화의 강세는 상대적으로 컸다. 원화의 상대적 약세폭이 컸다는 얘기다.

그럼 도대체 적절한 외환보유액은 얼마일까.

밖에 불이 난 상황을 생각해 보자. 불길이 우리 집을 향해 맹렬히

번져 온다. 우리 집을 얼마나 튼튼하게 지었어야 견딜 수 있을까. 우리 집을 아무리 튼튼히 지었어도 도저히 막을 수 없는 엄청난 화력이 덮친다면 도리가 없다. 외환보유고도 그렇다.

외환보유고는 많을수록 외부 충격에 견디는 힘이 커질 것이다. 하지만, 외환보유고는 안전성과 유동성을 확보하는 것이 핵심이므로 수익성을 포기해야 한다. 즉, 외환보유고가 커질수록 기회비용이 커진다. 가령, 내 소득에서 필수 생활비를 뺀 나머지의 90%를 보험료로 납입하고 나머지 10%를 주식 등에 투자하면 어떻겠는가. 반대로 가처분소득의 10%를 보험료로 납부하고 나머지 90%를 투자하면 어떤가. 후자의 사례는 현실에서 흔하겠지만, 전자는 과도하게 보험에 치중한 것이라서 보기 힘든 사례다. 엄청난 재난이 닥치거나, 보험이 보장하는 범위를 넘어선 이례적 사고를 당하게 된다면 당초 충분하다고 생각한 보험으로도 견디기 힘들어질 수 있다.

그래서 모든 국가에 일률적으로 적용할 수 있는 보편적 산정 기준은 없다. IMF나 BIS가 나름의 기준으로 적정 외환보유고의 기준을 제시하지만, 그 기준이 정답이라는 의미는 아니다. IMF에 비해 BIS가 보다 보수적 기준을 제시하므로 적정 외환보유고는 더 많다.

가장 많이 언급되는 IMF가 제시하는 기준만 가볍게 보고 넘어가자.

IMF는 외환보유액 적정성 평가지수(ARA; Assessing Reserve Adequacy)[5]를 집계하는데, 4개 변수를 반영한다. 단기 외채, M2 통화량, 수출액, 포트폴리오 및 기타투자 부채 잔액을 기반으로 산출하는 보조지표다. 100%를 넘으면 적정 수준으로 볼 수 있다.

한국 외환보유액의 경우 IMF 적정 수준(ARA)의 100%를 넘나들고 있으나 2022년에는 97% 수준이었다. 다만, 100%를 하회한다고 해서 위험 수준으로 간주할 성격은 아니다. 중국은 2022년 기준 67%에 불과하지만, 대외 금융안전망에서는 아시아 내 가장 안정적인 것으로 평가받는다. 참고로 IMF는 향후 금융위기에 대비한 대외 금융안전망을 외환보유액과 중앙은행간 통화스왑, 지역금융협정, 범세계적 자금지원제도 4가지로 구분한다. 외환보유액은 금융안정망 평가 요소의 하나일 뿐이다.

한국은 스위스, 캐나다, 호주 등 선진국을 포함해 다수 국가 중앙은행과 통화스왑 협정을 체결한 상황이며, 아세안+3개국(한·중·일)간 지역금융협정에도 가입되어 있다. 범세계적 자금지원제도로는 IMF 탄력대출제도가 있는데, 아직 사용한 바 없다.

---

5   https://www.imf.org/external/datamapper/Reserves_ARA@ARA/CHN/IND/BRA/
     RUS/ZAF

미국 재무부 환율 보고서, 환율 조작국

단어가 주는 무게감, 이미지가 있다. 환율을 조작했다는 딱지를 붙이는 환율 조작국 지정은 무슨 의미로 받아들여야 할까?

2차 세계대전 종전 무렵인 1944년 7월, 미국의 뉴햄프셔주 브레턴 우즈(Breton Woods)에 29개의 연합국이 모였다. 그들은 당대 최고 경제학자였던 영국의 존 메이너드 케인스가 1933년에 제안한 세계 공통화폐와 국제금융기구 설립을 진지하게 논의했고 그 결과 새로운 국제금융질서에 합의했다. 두 번의 세계대전을 거치며 초강대국으로 부상한 미국이 그 중심에 있었다.

이 국제금융질서는 IMF(국제통화기금)와 World Bank(세계은행. 출범 당시에는 국제부흥개발은행. International Bank for Reconstruction and Development)를 출범시켰다. 이 중 IMF는 국제 수지의 괴리를 해결하기 위한 것이었다. 미국의 환율 조작국 개념에 국제수지 괴리의 문제가 담겨 있다.

한편, 외환시장을 지배하는 달러화의 가격은 시장의 수급에 따라 결정되어야 한다. 환율 조작국은 이러한 맥락에서 미국이 미국의 국내법에 따라 지정한다. 1988년 미국 로널드 레이건 정부가 무역 상대국들을 겨냥해 불공정한 무역 관행을 손보겠다며 제정한 종합무역법이 시초였고 2015년에는 오바마 정부가 교역촉진법을 만들어

또 다른 현대식 버전을 제시했다. 미국에 막대한 무역수지 흑자를 내는 국가도 견제 대상이다. 미국의 국내법에 따라 세부 기준이 바뀌기도 하며, 국제법이 아니기 때문에 미국의 이익을 고려한 미국의 시각이 강하게 담겨 있다.

환율조작국의 지정 여부는 미국 재무부가 반기마다 발간하는 환율 보고서에 담겨 있다. 그런데, 미국 재무부의 환율보고서가 주목받는 시기는 따로 있다.

달러화 가격이 시장의 수급에 따라 결정되도록 하려면 각국은 외환시장에 개입하지 말아야 한다. 다른 나라들이 외환시장에 개입하는 경우는 크게 두 가지다. 자국 통화가 과도한 약세일 때 약세를 방어하기 위한 것이거나, 자국 통화가 과도한 강세일 때 강세를 완화하기 위한 것이다.

미국이 거북하게 바라보는 것이 전자일까 후자일까? 전자의 경우처럼 각국 입장에서 자국 통화가 과도한 약세일 때는 국제수지 측면에서 취약하거나 시장에서 그 국가 경제를 부정적으로 보는 상황일 가능성이 높다. 심하면 경제 위기에 빠진 상황일 수도 있는데 이에 맞서 추락하는 자국 통화를 방어하기 위해 해당 국가가 외환시장에 개입하는 것은 고육지책일 뿐, 미국의 이익을 저해할 것이 없다. 그 국가 경제에 문제가 생긴다면 일차적으로 IMF를 통해 조정할 문제이지 경제적으로 곤경에 처한 국가에게 외환시장에 개입하지 말라고 미국이 나서서 경고할 일이 아니다.

하지만, 자국 통화가 과도한 강세일 때는 다른 국가들에 비해 그 국가 경제가 상대적으로 좋은 여건에 있을 가능성이 높다. 상대적으로 양호한 여건에 있는 국가가 외환시장에 개입해서 자국 통화 강세를 방어하려 한다면 미국의 시각에서 목적이 불순해 보인다. 경제가 위기에 있는 것이 아닌데 시장 가격에 손을 대려 한다면 시장 질서를 해치는 것이기 때문이다. 무역에서의 이익을 위해 불공정한 행위를 하는 것으로 간주한다.

따라서 미국 재무부가 환율 보고서를 냈을 때 시장이 주목하는 시기는 달러화가 약세일 때다.

한편, 미국이 특정 국가를 환율 조작국의 현대적 버전인 심층분석 대상국으로 지정하는 기준은 아래와 같다.

1. 외환시장 개입시 달러화를 순매수한 규모가 해당국의 GDP 대비 2% 초과 및 대상 기간인 12개월 중 8개월 이상 순매수
2. 해당국의 경상수지 흑자가 GDP 대비 3% 혹은 경상수지 갭 1% 이상
3. 미국에 대한 해당국의 무역수지 흑자가 150억불 이상

위 기준은 고정 불변이 아니라서 바이든 정부 들어 요건이 강화

되었으며, 2개를 충족하면 관찰 대상국으로 분류하고 3개를 충족하면 심층분석 대상국이 된다. 그리고 심층분석 대상국이 되면 종합무역법(1988)에 따라 당사국과 해결 방안 마련을 위한 협상을 시작한다. 교역촉진법(2015)에 근거해서는 해당국에 대한 미국 기업의 투자 시 금융지원 금지 등의 불이익이 따른다.

2023년 하반기 환율보고서상(11월 7일 공개) 심층분석대상국에 지정된 국가는 없고 6개 국가가 관찰대상국인데 한국은 7년 만에 제외되었다. 환율조작국은 보다 포괄적으로 규정된 종합무역법(1988)상 용어이고, 심층분석대상국은 교역촉진법(2015)상 용어인데 2015년 법 제정이 1988년 법을 대체한 것은 아니기 때문에 종합무역법(1988)도 유효하다. 한국은 종합무역법(1988) 도입 초기인 1988년에 본보기로 대만과 함께 환율조작국으로 지정되었다가 이듬해 해제된 사례가 있으며 심층분석 대상국으로 지정된 바는 없다.

트럼프 정부 당시 베트남과 스위스, 중국을 환율조작국으로 지정한 바 있는데, 2020년 12월에 베트남과 스위스를 교역촉진법(2015)상 심층분석 대상국 및 종합무역법(1988)상 환율조작국으로 지정했다. 중국의 경우에는 2019년 8월 환율조작국으로 지정되었는데 이는 종합무역법(1988)에 근거한 것으로, 교역촉진법(2015)상 심층분석 대상국에는 해당하지 않았다.

그러나, 위 국가들이 환율조작국으로 지정된 여파를 실질적으로 외환시장 움직임에서 체감하기는 어려웠다. 빈 수레가 요란한 느낌이다.

환율전쟁이라는 조작된 이미지

환율전쟁이라는 단어는 뭔가 대단히 의미 있는 사건이 벌어지고 있다는 인상을 주는데, 언론이나 호사가들이 좋아하는 단어일 뿐 뚜렷한 실체가 없다.

환율전쟁에 대한 언급은 보통 달러 가치가 하락할 때 자주 볼 수 있다. 주요 국가들 입장에서 자국 통화가 강세를 보일 때 무역에서의 이익을 위해 관련 당국이 경쟁적으로 자국 통화의 약세를 유도하며 달러화를 매입하는 상황이다. 이는 미국 재무부가 환율보고서를 통해 견제하고 억제하려는 상황에 해당한다. 하지만, 이러한 현상에 전쟁이라는 표현을 쓰는 것은 과장된 측면이 있다.

적어도 국제금융질서를 좌우하는 미국과 G7 국가 그룹은 이렇게 무역에서의 이익을 노리고 자국 통화의 상대적 약세를 유도할 목적으로 외환시장에 개입하지 않는다. 1985년처럼 예외적으로 플라자 합의를 통해 미국 달러화를 약세로 유도하고, 일본 엔화와 독일 마르크화 강세를 유도하기로 한 상황을 환율 전쟁으로 묘사하는 것은 일정 부분 이해가 간다. 하지만, 언론에서 환율전쟁이라는 표현은 너무 남발되는 감이 있다. G7에 속하지 않는 나라들도 무역에서의 이익을 도모하기 위해 외환시장에 개입해 자국 통화 약세를 유도하는 사례는 일반적이지 않다.

한편, 달러화가 지나치게 강세일 때 여러 나라가 자국 통화의 약세를 방어하기 위해 외환시장에 개입하는 상황을 역(逆) 환율전쟁이라고 표현하기도 한다. 역시 저널리즘적인 표현이다. 하지만, 이러한 상황은 자국 통화를 팔고 달러화를 사들이는 불특정 다수와 싸우는 것일 뿐 명확한 상대국이 있다고 할 수 없는데 환율전쟁에 빗대어 표현하는 것은 어색하다. 만약 투기 세력이 자국 통화의 급락을 초래했다면 투기 세력과의 전쟁으로 보는 것이 더 적절할 테고, 세계적인 경제 위기가 그 본질이라면 경제 위기에 따른 환율 방어로 표현하는 것이 적절할 듯하다.

2장

외환시장의 수급,
그리고 환위험

　달러·원 환율의 움직임을 주도하는 것은 사실상 외국인이다. 국내 자본의 해외 투자는 비교적 변동성이 작고 꾸준한 반면, 해외 자본의 국내 투자는 상대적으로 변동이 크다.

　한편, 기업들이 환위험을 관리하려 거래하는 기본적 파생금융상품들에 대해서도 그 본질에 집중하여 일반적인 설명과 다른 방식으로 접근해 보겠다.

외국인의 자본유출입과 환율

해외 자본이 국내 주식이나 채권에 투자하려면 외환시장에서 달러화를 팔고 원화를 사야 하니, 달러화 가치는 내리고 원화 가치는 오르므로 달러·원 환율이 하락한다. 반대로 국내 주식이나 채권에 이미 투자되어 있는 해외 자본이 국내 주식이나 채권에 투자된 자금을 회수할 때는 달러화를 사고 원화를 팔게 되니, 달러화 가치는 오르고 원화 가치가 내린다. 즉, 달러·원 환율이 상승한다.

그래서 환율의 등락을 설명할 때 외국인이 주식이나 채권을 얼마 샀다느니 팔았다느니 하며 환율 움직임을 설명하는 사례가 많다. 외국인의 국내 주식·채권 거래 관련 통계는 금융감독원이 매월 중순경 직전 월의 수치를 발표한다.

그런데 금융감독원의 통계를 보면 주식과 채권에서 다른 점이 있다. 주식은 외국인의 매수액과 매도액의 차이인 순매수액을 표시한다. 하지만 채권은 매수액에서 매도액을 차감한 순매수액에 만기가 도래한 금액을 또 차감한다. 이런 차이는 왜 생기는 것일까.

주식과 채권은 만기 유무에서 갈린다. 기업의 회계는 기본적으로 계속 기업을 가정한다. 일반적인 주식은 기업이 존속하는 한 만기가 없다. 그래서 외국인의 주식 매수액과 매도액은 그대로 외환시장에서 환전 거래로 연결되어 환율에 영향을 미친다고 볼 수 있다.

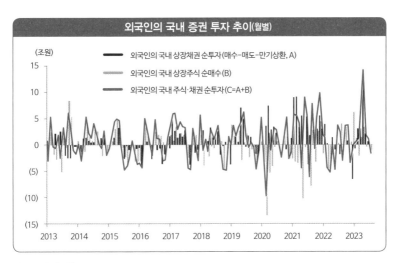

외국인의 국내 증권 투자 추이(월별)

자료: 금융감독원

　반면 채권은 만기가 있다. 외국인이 보유하던 채권의 만기가 도래하여 원화 금액을 수령하면 다시 원화 채권에 투자할 수도 있고 달러화로 환전해 가져나갈 수도 있다. 다시 원화 채권을 매입한다면 그 금액만큼은 외환시장을 거치지 않는다. 즉, 환율에 영향을 미치지 않는다. 그래서 환율에 미치는 영향을 고려할 때는 외국인의 채권 순매수 금액에서 만기 도래 금액을 차감해야 하고, 순매수 금액에서 만기 도래분을 차감한 것을 순매수와 구분하기 위해 순투자라고 표현한다. 외국인 보유 원화 채권이 만기가 도래하여 다시 다른 원화 채권에 투자되면, 이미 한국 채권에 투자되어 있던 금액이 다른 채권으로 손바뀜만 생길 뿐 한국에 투자된 금액에는 변함이 없고 외환시장도 거치지 않는다.

  그런데, 외국인이 환율에 영향을 미치는 경로는 이러한 실물 자본의 유출입만이 아니다. 실물 자본의 유출입 없이 단지 환율 상승이나 하락에 베팅하는 물량도 있다. 거액의 물량으로 집중 거래하다보니, 이러한 물량이 큰 움직임을 만들어낸다. 더욱이 환율 상승이나 하락에 베팅하는 세력들은 외국인만이 아니다. 외환시장에 참가하는 은행의 전문 트레이더들도 시장 조성 역할을 하며 환율 움직임을 주도하는데, 해외 주식이나 채권을 사고 팔기 위해 외환 거래를 하는 것이 아니라 짧게나마 수시로 환율 방향성에 베팅한다. 따라서, 외국인 자본의 유출입만으로 환율 움직임을 온전히 설명하는 데도 무리가 따른다.

  이러한 투기적 성격의 물량을 제외하더라도, 달러·원 환율을 좌우하는 외환시장 수급을 보려면 외국인 자본의 유출입뿐 아니라 한국 자본의 해외 투자도 고려해야 하고 경상수지도 감안해야 한다. 이들을 종합적으로 반영하여 달러·원 환율과 비교하면 다음과 같다.

  여기서 달러·원 환율은 y축을 뒤집어 보였으므로 그림상 위로 가는 방향은 원화 강세(달러화 약세)를 의미한다. 외환시장의 수급을 보여주는 C는 경상수지와 자본유출입을 반영한 것인데, 경상수지

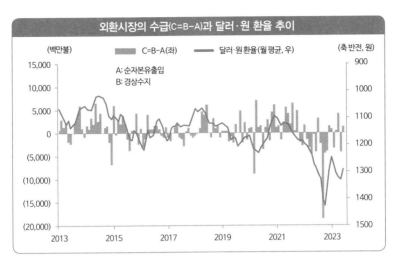

외환시장의 수급(C=B-A)과 달러·원 환율 추이

자료: 한국은행

가 흑자(+)면 원화 강세 요인이므로 달러·원 환율의 y축을 뒤집어 C 와 비교할 수 있도록 보였다. 순자본유출입이 양(+)이면 한국의 해외 투자가 외국인의 국내 투자보다 많음을 의미한다. 한국 자본의 해외 투자시 달러화 매입은 환율 상승을 초래하므로 C=B-A로 설정한다.

위 그래프가 외환시장의 수급을 고르게 보여주지만 경상수지와 실물 자본을 동반한 수급이므로 앞서 언급한 대로 단기에 환율 방 향성에만 베팅하는 물량은 반영하지 못한다는 점을 유념하기 바 란다.

PART 3 · 기업인과 기자를 위한 달러화 특강

신흥국 통화들은 왜 장기적으로 약세로 가는가

책의 PART1에서 물가와 환율의 관계에 대해 설명했다. 장기적으로 인플레이션이 높은 국가의 통화는 상대적으로 약세를 보이는 경향이 있다는 것이 골자다.

그리고 신흥국은 선진국보다 인플레이션이 높은 경우가 많다. 사회기반 시설이 부족해서 자원을 효율적으로 이용하지 못하는 데다, 생산성이 낮기 때문이다. 신흥국이더라도 고성장하는 국가라서 생산성이 임금 상승률보다 높으면 인플레이션이 낮을 수 있다. 제품 가격을 인상하지 않아도 생산성이 높으니 더 많은 제품을 생산해내므로 증가한 이윤으로 임금을 높여줄 수 있다.

인플레이션이 높아서 달러 대비 통화가치가 장기적으로 하락하는 즉, 달러 대비 환율이 장기적으로 상승하는 대표적 통화들이 아르헨티나 페소화, 브라질 헤알화, 튀르키예 리라화 등이다.

반면, 고성장 신흥국인 베트남은 상대적으로 인플레이션이 높지 않다. 소규모인 개방 경제이므로 글로벌 기업들의 진출과 함께 상대적으로 공업화 진척 속도가 빨라 생산성 증가 속도도 빠른 편이다. 다만, 베트남 토종 기업들이 성장의 주축이 되지 못하고 베트남에 진출한 글로벌 기업들이 성장의 견인차 역할을 하고 있는 점은 베트남이 풀어야 할 과제이기도 하다.

고성장 신흥국이더라도 농업 비중이 여전히 높은 나라도 있다. 농업 비중이 높으면 생산성이 낮을 수 있고 빈곤율이 개선되는 속도도 느리다.

장기적으로 통화 가치가 하락하는 현상은 상대적으로 높은 인플레이션 때문인 경우가 많다.

환위험 관리의 전형, 선물환(통화선도)

PART1에서 언급했듯, 금융의 신박한 기능 중 하나는 미래와 현재를 연결한 거래를 통해 자금을 미래로 가는 타임머신에 태우는 것이다. 가장 단순한 파생금융상품인 선물환도 여기에 해당한다.

선물환은 재무서적에서 통화선도(forward)라고 하는 파생금융상품의 한국식 표현이며 실무적으로는 통화선도보다 선물환이라는 용어를 보편적으로 쓴다.

선물환은 기업들이 수출이나 수입 거래에서 생기는 환율 변동 위험(줄여서 환위험)을 헤지하기 위해 활용한다. 기업은 선물환 거래를 통해 현재 시점에 결정되는 공정한 환율로 원하는 만기 시점의 환율을 고정함으로써 환율 변동 위험을 피할 수 있다. 예를 들어, 달러화가 1,200원일 때 매출했는데 3개월 뒤에 거래처가 결제할 시점에 환율이 하락하는 상황을 피하고자 한다면 선물환 거래를 통해 3개월 후 매도 환율을 지금 시점에 미리 결정하는 것이다.

다만, 3개월 후 매도할 환율은 현재 환율과 다르게 결정되는데, 이론적으로는 달러와 원화 간의 통화간 금리 차에 좌우되지만 실제로는 시장의 수급에 따라 이론적 가격과 다소 괴리가 생긴다. 이때 만기 환율을 선물환율(forward rate)이라고 하는데, 선물환율과 지금 현재 시장 환율인 현물환율(spot rate)의 차이를 스왑포인트(swap point)라고 한다. 그리고 현재 환율과 스왑포인트의 비율을 스왑 레이트(swap rate)라고 하는데, 은행 딜링룸에서는 스왑 레이트를 얘기하기 보다 스왑 포인트라는 용어를 주로 사용한다.

환위험을 관리하기 위한 선물환 거래를 함으로써 회계적으로도 하나의 포지션이 더 생긴다. 수출로 달러화를 받게 될 기업은 매출채권(외상매출금)과 선물환(매도) 포지션에서 환율로 인해 서로 반대 방향의 평가 손익이 새로 생겨서 결과적으로 매출채권에서 생기는 환위험의 대부분이 상쇄된다. 마찬가지로 수입을 위해 달러화가 필요한 기업은 매입채무(외상매입금)와 선물환(매입) 포지션에서 서로 반대 방향의 평가 손익이 환율로 인해 새로 생겨서 결과적으로 매입채무에서 생기는 환위험의 대부분이 상쇄된다. 여기서 대부분이라 표현한 이유는 선물환율과 현물환율이 앞서 설명한대로 통화간 금리차와 시장 수급 때문에 일치하지 않기 때문이다.

선물환과 통화스왑, FX스왑에 대해 추가적인 설명을 이어가겠다.

선물환, 통화스왑, FX스왑은 어떻게 다른가

기업들이 활용하는 대표적인 파생금융상품 중에 외환시장과 연결되는 것이 선물환, 통화스왑, FX스왑(외환스왑)이다.

필자가 처음 FX스왑을 접했을 때, 단어가 주는 의미가 통화스왑과 비슷해서 아리송했던 기억이 있다. FX스왑은 현재 시점의 현물환 거래와 미래 시점의 선물환 거래가 하나의 쌍을 이루는데, 현물환에서 교환하는 통화의 방향이 선물환과 정반대다.

수출 기업이 남아 도는 달러화 자금을 일부 원화로 돌려서 운영하고 싶은 상황에서 FX스왑을 가정해 보자. 지금 현재 시점에 거래 은행에 달러화를 주고 원화를 받는 거래를 한다. 현물환과 같은 형태다. 그리고 이 FX스왑 계약을 끝내길 원하는 만기일이 1년 후라면, 1년 후에는 반대로 원화를 돌려주고 다시 달러화를 받는 선물환 형태의 계약을 동시에 체결한다. 실질적으로는 달러화를 대가로 원화를 조달해서 운용한 뒤 만기에 반대 거래로 포지션을 없애는 자금 거래다.

어떤 경우에 이런 거래를 활용할 수 있을까. 예를 들어 엔화가 상당 기간 하락하면서 일본에 수출하는 기업이 엔화 매도를 자꾸 미뤘다. 당장 엔화를 매도해서 원화를 받는다고 한들 딱히 지출할 곳이 없기 때문이다. 1년 이내에는 다시 엔화가 오르리라 생각한다. 언제가 될지 모를 뿐이다. 하지만 이자도 안 나오는 엔화를 필요 이상으로 보유하며 자금을 놀리는 것이 편치 않다.

이때, FX스왑을 활용하는 방법도 있다. 위에 제시한 것처럼 지금 시점에 거래 은행에 엔화를 주고 원화를 받는 거래를 한다(현물환). 이와 동시에 1년 뒤에 이 거래를 되돌리는 방향으로 원화를 돌려주고 엔화를 받기로 하는 계약(선물환)을 체결한다. 1년의 기간 동안 원화를 굴려 이자라도 얻거나 자금을 활용해 볼 수 있다.

그런데, 1년 뒤에 원화를 돌려주고 엔화를 받기로 한 이 계약에 대해, 만기가 되기 전에는 변화를 줄 수 있다. 계약은 유효하지만, 실질적으로는 고정 불변의 약속이 아닌 것이다. 만약 넘치는 엔화를 다시 돌려받고 싶은 생각이 없다면 만기가 되기 전에 차액 결제로 끝낼 수 있다. 특히 엔·원 환율이 내 예상대로 올라서 선물환으로 체결된 환율보다 높아졌다면 만기 이전에 조기 이행을 통해 이익을 실현할 수 있다.

조기 이행하려는 시점의 시장 환율이 1,000원으로 오른 경우를 가정해 보자. 원래 계약 당시의 현물환율은 900원이었고, 1년 후의 선물환율은 940원으로 계약했다. 남아 있는 권리·의무 관계에 따라 약속된 원화 금액(940원)을 주고 엔화를 받는 거래를 없애기 위해, 엔화를 받았다 치고 다시 시장 환율로 은행에 매도한다면 받을 수 있는 금액이 1,000원이다. 이때 차액 결제를 하면 1,000원과 940원의 차이만큼 원화를 받고 거래는 조기에 종결될 것처럼 보인다. 지금 확실히 얘기하지 않고 그러할 것처럼 보인다고 표현한 것은 940원이었던 선물환율이 달라지기 때문이다. 만기가 달라지면, 만기에 따라 가감되는 선물환율에도 변화가 생긴다. 따라서 1년이 아니라 단축된 기간에 해당하는 선물환율은 당초 940원보다 작은 930원이라고 하자. 그러면 거래의 조기 종결 시 실제로 차액 결제되는 금액은 1,000원과 930원의 차이인 70원이 된다.

이렇게 하면 계약 당시 현물 환율인 900원에 엔화를 일단 매도한 뒤 조기 종결 시 차액결제로 70원을 더 수령하게 되므로 엔화를 매도할 때 도합 970원을 받은 셈이 된다. 시장 환율 1,000원에 못 미치는 30원만큼은 원화로 운용했을 때(예금에 넣었을 때) 생겼을 이자 등에 상응한 금액이다.

다만, 이 FX스왑 거래가 재무적으로 이익이 된다는 의미는 아니다. FX스왑 거래를 하지 않고 엔화를 들고 있다가 환율 1,000원일 때 시장에 매도하면 결국 FX스왑 거래를 통해 생긴 30원의 원화 운용 이자와 차액결제시 70원의 합계와 결과적으로 같아지기 때문이다.

PART 3 · 기업인과 기자를 위한 달러화 특강

그렇다면 선물환, 통화스왑, FX스왑은 어떻게 다를까? 먼저 통화스왑과 FX스왑의 차이는 별도의 이자를 정기적으로 주고받는지 여부로 갈린다. 통화스왑은 만기 이전에 주기적으로 이자를 교환하는 반면, FX스왑은 주기적으로 이자를 교환하지 않는 대신에 그만큼을 만기에 교환할 선물환율에 조정하여 반영한다. 이자를 중간에 주고 받느냐의 차이다.

그럼, 선물환과 FX스왑의 차이점은? FX스왑에서 현물환을 생략한 것이 선물환이다. 기업이 은행과 거래할 때 FX스왑에서 현물환을 생략한 선물환 거래를 하듯, 통화스왑에서도 현물환 거래 부분을 원치 않는다면 은행과 계약 시점에 생략하기로 합의할 수 있다. 주기적인 이자 교환과 만기 때의 원금 교환만 남기는 것이다.

이제, 뭔가 느낌이 오는 부분이 있을 것이다. FX스왑에서 현물환을 생략한 선물환이 통화스왑에서 현물환을 생략한 나머지 이자 교환액, 만기 원금 교환의 합계와 대칭이 될 수 있지 않을까.

그 관계를 오른쪽 그림에 나타냈다.

현재는 202X년 1월 1일, 원금은 $1,000, 현물환율을 1,200원, 미국 금리는 2%, 한국 금리는 5%라고 가정하자. 수입 기업이 1년 뒤를 만기로 선물환을 체결할 때 1년 뒤 현금흐름과 통화스왑을 체결할 때 1년 뒤 현금흐름이 어떻게 다른가.

선물환율은 이론적으로 금리 차에 따라 결정되므로 1,235원이

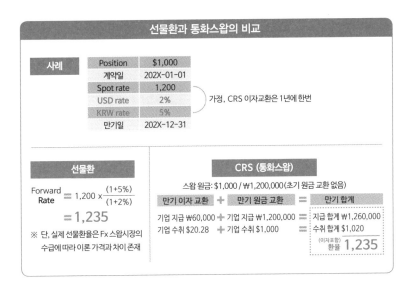

선물환과 통화스왑의 비교

사례		
Position	$1,000	
계약일	202X-01-01	
Spot rate	1,200	
USD rate	2%	
KRW rate	5%	
만기일	202X-12-31	

가정, CRS 이자교환은 1년에 한번

선물환

Forward Rate $= 1,200 \times \dfrac{(1+5\%)}{(1+2\%)}$

$= 1,235$

※ 단, 실제 선물환율은 Fx 스왑시장의 수급에 따라 이론 가격과 차이 존재

CRS (통화스왑)

스왑 원금: $1,000 / ₩1,200,000(초기 원금 교환 없음)

만기 이자 교환	+	만기 원금 교환	=	만기 합계
기업 지급 ₩60,000	+	기업 지급 ₩1,200,000	=	지급 합계 ₩1,260,000
기업 수취 $20.28	+	기업 수취 $1,000	=	수취 합계 $1,020

(이자포함) 환율 1,235

된다. 그리고 통화스왑은 이자를 만기 때 한 번만 교환한다고 가정하면 기업이 수취하는 원금과 이자를 더한 금액이 $20.28+$1,000이다. $20.28은 $1,000×2%×365/360에서 나오며 365/360을 곱한 것은 업계 관행(convention)이다. 반면, 기업이 지급하는 원금과 이자를 더하면 60,000원+1,200,000원=1,260,000원이다. 여기서 기업이 수취하는 달러 금액과 지급하는 원화 금액의 비율, 즉 통화 간 교환비율인 환율은 1,235원이 된다. 이로써, 이론상 선물환과 통화스왑은 경제적 실질이 같다는 것을 알 수 있다. 거래 형태가 다를 뿐이다.

3장
선택의 문제,
달러화가 최선인가

　외국 기업들과 거래할 때 기업은 환율 관점에서 여러 문제에 직면한다. 여기서 모든 이슈를 다룰 수는 없지만 몇 가지만 짚고 넘어가려 한다.

기업과 개인이 환율을 바라보는 관점의 차이

　즐거운 상상을 해보자. 우리가 잠재된 능력을 꽃 피우고 좋은 운까지 작용해서 스타트업을 창업하고 외국 기업에 판로까지 텄다. 그리고 번 돈으로 개인적으로 투자까지 시작했다. 그런데 마침 달러화가 눈에 들어온다. 기업가에게 환율이 갖는 의미와 개인 투자자가 갖는 환율의 의미가 서로 다를까, 같을까?

기업인도 환율 전망을 묻고 자산가를 포함한 개인 투자자도 환율을 묻지만, 기업과 개인의 입장은 기본적으로 다르다.

기업에게 환율은 사업상 피할 수 없는 위험이다. 하지만, 개인에게 환율은 온전히 선택의 문제다. 예를 들어 달러화가 지금 저렴한 수준까지 내려왔고 언젠가 상승한다는 믿음이 있다면 투자할 수 있다. 하지만, 얼마든지 다른 투자 대안을 찾을 수도 있고, 더 매력적인 환율로 내려올 때까지 기다릴 수도 있다. 당장 결정해야 할 필요가 없다(물론 일부 보유하고 있으면 자산 배분 관점에서 좋을 것이다).

한편 개인은 달러화 등의 외화나 외화 자산에 상시적으로 투자하지는 않으므로 거래가 드물게 발생하고 상대적으로 거액일 수 있다. 반면, 기업에게 환율은 일상적으로 발생하는 수출입거래 때문에 항시적으로 존재하는 위험이고 건별 금액은 소액일 수 있다. 물론, 가끔 거액 거래도 생긴다.

그러나, 이렇게 선택권이 많은 개인도 일단 투자하고 나면 선택은 좁아진다. 언제 어떤 방식으로 팔 것인지의 문제만 남는다. 그래서 애초 투자할 때 신중해야 하고 서둘러서는 안 된다. 더 좋은 대안은 없는지, 기다릴 필요는 없는지 따져봐야 한다.

개인 입장에 대해서는 PART1과 2에서 설명했으니 여기서는 기업 입장을 얘기해보자. 기업에게 노출되는 환위험은 판매할 때 잡히는 매출액이나 판매를 위한 원가인 매출원가에서 시작된다. 매출액(매출원가)의 위험은 외화 노출액(exposure)과 환율의 곱이다.

위험을 낮추려면 환율만 고민해서 될 일이 아니다. 위험은 환율에만 있는 것이 아니며, 매출채권이나 매입채무 같은 외화 노출액(exposure)에도 있다. 그런데, 환율 변동에서 생기는 위험을 항상 성공적으로 낮출 수는 없다. 전망은 냉정하게 신의 영역이기 때문이다. 하지만, 외화 노출액은 작아질수록 남은 위험도 줄어든다. 물론, 한 번에 거래하는 금액이 클수록 기회비용의 문제가 생길 수 있어서, 한 번에 큰 금액을 거래하는 것이 정답은 아니다.

숱하게 수출 수입 기업을 방문해보면 십중팔구는 '언제 달러화 등 외화를 팔아야 될까, 또 언제 사야 될까'의 문제로 고민한다. 한마디로 최적의 타이밍을 잡기 위해 고민하는 것이다. 위험을 줄여 나간다는 접근은 생각하지 못한다.

생각의 전환이 필요하다. 타이밍에만 집중하기 보다는 일단 외화 노출액을 당장 조금이라도 줄이고 나서, 남은 금액을 가지고 다시 고민하는 것이 낫다.

결제 통화 선택의 문제가 생겼을 때

기업들은 거래처와 관계에서 결제 통화를 선택할 일이 간혹 생긴다. 한국은행 통계에 따르면 2022년 연간 한국 수출에서 미국이 차지한 비율은 16.1%에 불과했지만, 수출 결제 통화에서 달러화의 비중은 85.0%에 달했다. 한국 기업들은 유럽이나 일본 기업과 거래하는 경우가 아니면 대부분 달러화로 결제하는 셈이다. 심지어 유럽이나 일본도 한국의 수출 비중과 비교하면 해당 결제 통화 비중(유로화 및 엔화)은 절반 정도에 불과했다.

중국으로의 수출 비중은 22.8%였는데 수출 결제에서 위안화 비중은 1.6%에 불과했으니 중국과의 무역에서도 대부분은 위안화가 아니라 달러화를 선택한 것이다.

그렇다면 최대한 달러화로 결제하는 것이 정답일까. 이 문제에 답하기 위해서 기업이 사업 지역을 전 세계로 다각화하는 케이스를 생각해보자.

코카콜라나 나이키 같은 기업은 전 세계 지역에 진출해 있다. 국내 최고 기업도 공시 자료를 보면 진출한 국가가 70개가 넘는다. 현지에서의 매출은 해당 국가 통화로 일어난다. 멕시코에서는 제품을 매출할 때마다 멕시코 페소화(MXN)를 받을 것이고 튀르키예에서는 리라화(TRY)를 받고 캐나다에서는 캐나다 달러화(CAD, 별명은

Loonie)를 받는다. 어떤 통화의 가치는 상승할 것이고 어떤 통화의 가치는 하락할 것이다. 그리고 통화가치는 상대적이다. 달러화가 강세인지, 원화가 강세인지는 상대적으로 측정된다. 통화가치는 통상 주가나 금리와 같은 절대 수치로 표현하지 않는다.

그렇기에, 환율 변동에 의해서 일부 국가에서 생긴 손실은 다른 국가에서 생긴 이익으로 자연스럽게 상쇄된다. 즉, 결제 통화가 많아질수록 환율 변동에서 생기는 이익과 손실이 서로 상쇄되면서 기업 전체의 환위험이 자연스럽게 감소되는 결과를 낳는다. 따라서, 환위험 관리의 기본은 통화를 분산하는 것이다.

이제 결론이 나왔다. 최대한 달러화로 결제하는 것이 정답은 아니다. 아예 다른 통화로 모두 바꾸는 것도 정답이 아니다. 가장 바람직한 접근은 통화를 분산하는 것이므로 중국 기업과의 거래에서 달러화와 위안화 결제를 선택할 일이 생겼을 때는 결제 통화를 절반씩 가져가는 게 최선이다. 유럽 기업과의 거래에서도 유로화와 다른 통화 선택의 기회가 있다면 하나의 통화에 결제를 집중하지 말고 분산하는 것이 좋다.

수출에만 적용되는 것이 아니다. 환위험은 수입하는 경우에도 발생하므로 수입 결제 통화에서도 선택의 문제가 생기면 분산 기회를 최대한 활용하는 것이 적절하다.

글로벌 기업이 해외 현지에서 차입할 때 달러화가 최선일까

한국이 선진국 반열에 드는 과정에 진취적인 기업들의 역할이 컸다. 위험을 감수하고 신사업에 진출하고 새로운 시장을 개척했다. 베트남, 인도 등 신흥국에도 일찌감치 진출해서 성공 신화를 쓰고 있다.

해외 진출한 기업이 현지에서 자금 수요가 생겨 차입할 일이 생길 때가 있다. 이때 차입 통화는 달러화로 하는 것이 좋을까. 현지 통화로 하는 것이 좋을까.

어느 대기업의 초빙을 받아 해외 주재원 후보군을 대상으로 한 강의에서 멕시코를 예로 들어 질문한 적이 있다. 처음 대답한 분이 달러화로 차입하면 좋을 것 같다는 의견을 주셨다. 충분히 가능한 대답이다. '같은 값이면 다홍치마'라고 이왕이면 달러화로 차입하는 것이 낫지 않겠냐고 생각할 수 있다. 마침 해당 질문을 던졌던 시점에 달러화 금리가 멕시코의 절반에 못 미칠 정도로 훨씬 낮았다.

하지만, 금리 낮은 통화가 최우선 고려사항이 되면 안 된다. 환위험 관리의 기본은 들어오는 통화와 나가는 통화를 일치시키는 것이다. 그래서 A 국가에 진출해서 B국가 통화로 자금을 조달(차입)하면 곤란하다. 아무리 달러화가 기축통화라고 해도 달러화가 환위험을 줄여주지 않는다.

멕시코에 진출했으면 현지 매출 시 멕시코 페소가 들어온다. 그렇다면 지출하는 통화도 멕시코 페소로 해야 환위험을 줄일 수 있다. 따라서 현지에서 자금 수요가 생긴 경우, 현지 매출을 통해 꾸준히 회사에 유입되는 현지 통화로 자금을 차입하는 것이 불필요한 환위험을 줄인다.

달러화 금리가 당장은 훨씬 낮고 유동성이 좋아도 나중에 상환하려 할 때 달러화 가치가 급등하면 난감해질 수밖에 없다. 현지 통화로 차입해야 이런 불필요한 위험을 예방할 수 있다.

나는 달러로 경제를 읽는다

참고 도서

- 『여름, 1927, 미국 : 꿈과 황금시대』, 빌 브라이슨 지음 (까치글방)

- 『초전 설득』, 로버트 치알디니 지음 (21세기북스)

- 『설득의 심리학 1』, 로버트 치알디니 지음 (21세기북스)

- 『금융의 역사』, 윌리엄 N. 괴츠만 지음 (지식의 날개(방송대출판문화원))

- 『다모다란의 투자 전략 바이블』, 애스워드 다모다란 지음 (에프엔미디어)

연구보고서 및 인터넷 사이트

- U.S. Currency Education Program(https://www.uscurrency.gov/history)

- 『Globalization, Market Power, and the Natural Interest Rate』, Author: Jean-Marc Natal and Nicolas Stoffels

- 《2022~2070년 NABO 장기 재정전망》(국회예산정책처)

- https://www.imf.org/external/datamapper/Reserves_ARA@ARA/CHN/IND/BRA/RUS/ZAF

필자의 주특기는 환율이다. 돌고 돌아 이 영역에 발을 들였다. 고등학교 때 과학이 싫어 문과를 선택하려다 선생님의 만류로 이과에 들어섰는데 공과 대학에 진학하자마자 아뿔싸, 잘못 왔구나 싶었다. 좌충우돌이 시작되어 휴학과 복학을 반복하다 겨우 졸업한 뒤, 어렵게 회계사의 길에 들어섰다. 하지만 시간이 갈수록 이 길도 아니다 싶었다. 회계법인 내 감사 본부에서 조세 본부로 옮겼지만 머지않아 그곳도 내 자리가 아니라는 생각이 들었다.

　다시 고민의 시기를 겪다가 아예 밖으로 눈을 돌려 보았다. 당시 정부 회계를 막 도입하기 시작하던 정부 부처 한 곳과 지방자치단체 산하 공사의 경력직 회계사 자리에 합격 통보를 받고 고민하다 채용 공고 하나를 발견하고 은행 딜링룸에 덜컥 지원했다. 그 길로 아예 다른 세계에 발을 들이게 되었다. 은행 입사 초기에는 딜링룸에서 회계사가 할 수 있는 역할을 모색했다. 그러던 중 우연치 않게 환율에 특화된 이코노미스트의 역할이 조금씩 필자에게 다가왔다.

돌고 돌아왔지만, 지금 와서 보면 천직을 찾은 것 같다. 어릴 때부터 국제 정세와 심리에 관심이 많았다. 금융시장과 금융인은 동경의 대상이었지만 너무나 막연해서, 내가 갈 길이라고 감히 생각하지 못했다. 그래서 적극적으로 금융의 영역에 다가간 기억은 없다. 하지만, 이러한 관심사는 외환시장과 궁합이 절묘했다. 외환시장의 환율 움직임을 보려면 국제 정세도 볼 줄 알아야 했고, 환율 움직임은 시장의 심리 변화에 춤을 췄다. 그렇게, 가슴 뛰는 일을 찾았다. 본문에서도 운과 관련된 이야기들을 늘어놓았지만, 운이 좋았음을 부인할 수 없다.

매일 같은 공간에서 동고동락하는 동료들에게 이 지면을 빌어 감사의 인사를 전하고 싶다. 전폭 지원해주신 김희진 센터장님, 권혁상 부장님, 든든하고 인간미 가득한 소재용 부장님께 감사 인사를 드린다. 마음 한 켠에 자리한 석민이에게도 안부를 전하고 싶다. 그 외 신한은행 선후배님들께 감사드린다. 더 언급하면 서운해하실 분들이 오히려 많을 듯하여 생략함을 양해 바란다.

열정적으로 독서모임 이끌어주시는 고려대학교 신은경 교수님, 최은수 교수님께 감사드린다. 이제는 은퇴하신 이상용 선생님, 문봉환 선생님, 진원순 선생님께도 항상 감사드린다. 흔쾌히 추천사를 써 주신 김영익 교수님, 손해용 부장님, 오건영 부장님, 김단테 김동주님께도 감사드린다. 대학원 졸업 후에도 원우들 챙기시는 정신적 지주, 큰형님 임병완님께도 빚진 마음이다. 책을 다듬고 고생해주신 이다현님께도 고마움을 전한다.

부모님의 건강과 형의 밝은 날을 기원한다. 항상 독서하시는 모습으로 본보기가 되어 주신 장인 어른께 감사드리고 장모님 건강을 응원한다. 마지막으로 가슴 속을 가득 채우고 있는 승희와 승준, 승우에게도 고맙다는 말을 전하고 싶다.

2024년 1월

백석현

나는 달러로 경제를 읽는다

초판 1쇄 발행 2024년 1월 31일
초판 2쇄 발행 2024년 6월 10일

지은이 | 백석현
발행인 | 홍경숙
발행처 | 위너스북

경영총괄 | 안경찬
기획편집 | 이다현, 김서희
마케팅 | 박미애

출판등록 | 2008년 5월 2일 제2008-000221호
주소 | 서울 마포구 토정로 222, 201호(한국출판콘텐츠센터)
주문전화 | 02-325-8901
팩스 | 02-325-8902

표지 디자인 | 유어텍스트
본문 디자인 | 최치영
지업사 | 한서지업
인쇄 | 영신문화사

ISBN 979-11-89352-77-6 (03320)